88 UnterrichtsRezepte

Spanisch

Eine Sammlung interaktiver Übungsideen

herausgegeben von Christopher Sion

übersetzt und bearbeitet von
Barbara Huter und Susanne Schauf

Ernst Klett Verlag für Wissen und Bildung
Stuttgart · Dresden

88 UNTERRICHTSREZEPTE SPANISCH

Eine Sammlung interaktiver Übungsideen

herausgegeben von Christopher Sion
mit Beiträgen von Seth Lindstromberg

Die Unterrichtsrezepte sind folgenden Werken entnommen:

Recipes For Tired Teachers, Edited by Christopher Sion, Addison-Wesley Publishing Company, Inc., 1985: 3; 5; 7; 8; 9; 11; 13; 15; 17; 19; 20; 21; 22; 23; 24; 25; 26; 27; 29; 31; 34; 35; 36; 40; 41; 42; 43; 46; 47; 48; 51; 52; 54; 55; 63; 64; 66; 67; 68; 69; 70; 72; 74; 75; 77; 78; 81; 85; 86; 87; 88.

More Recipes For Tired Teachers, Edited by Christopher Sion, Addison-Wesley Publishing Company, Inc. 1991: 1; 4; 10; 14; 16; 18; 28; 30; 32; 33; 38; 39; 44; 45; 50; 53; 56; 57; 58; 59; 60; 61; 62; 71; 76; 79; 80; 82; 84.

The Recipe Book (Pilgrims Longman Resource Books) Edited by Seth Lindstromberg, Longman Group UK Limited 1990: 2; 6; 12; 37; 65; 83.

Bildquellen: Bavaria: Ron Chapple (37,2), Rob Gage (37,1), Jim Whitmer (38,1); Fototex: Color Box (38,2), J.M. Lützmann (37,3), J. Wandmacher (38,3)

Gedruckt auf Recyclingpapier,
hergestellt aus 100% Altpapier.

1. Auflage 1 5 4 3 2 1 | 1998 97 96 95 94
Alle Drucke dieser Auflage können im Unterricht nebeneinander benutzt werden,
sie sind untereinander unverändert. Die letzte Zahl bezeichnet das Jahr dieses Druckes.

Zeichnungen: Stefano Buti, Pia Lizzadro, Bonnie Chayes Yousefian
Einbandgestaltung: Dieter Gebhardt
Mitarbeit: Josefa Jimeno Patrón

Druck: Druckerei Gutmann+Co., Heilbronn. Printed in Germany.
ISBN 3-12-526780-3

Die in diesem Buch enthaltene Sammlung von „Rezepten" entstammt dem reichen Erfahrungsschatz, den Lehrer des Sprachinstituts Pilgrims (Universität Kent) in vielen Ländern der Erde erworben haben.

Diese mehrfach erprobten und methodisch fundierten Aktivitäten wurden für den Spanischunterricht deutschsprachiger Lerner adaptiert und mit entsprechenden Musterbeispielen und Kopiervorlagen versehen, so daß sie unmittelbar im Spanischunterricht in der Erwachsenenbildung und an allgemeinbildenden Schulen verwendet werden können.

Den vorliegenden Unterrichtsrezepten liegt die Überzeugung zugrunde, daß echte, lebendige Kommunikation nur dann stattfindet, wenn ein entsprechendes Äußerungsbedürfnis (*vacío de información*) besteht. Daher sind die Übungen so angelegt, daß sie echte Sprechanlässe im Klassenraum schaffen und nicht nur die Simulation von fiktiven Situationszusammenhängen darstellen. Denn nur das, was mit einer realen Erfahrung verbunden ist, bleibt nachhaltig im Gedächtnis haften.

Überzeugt sind die Autoren dieses Buches auch davon, daß ein vielfältiges und abwechslungsreiches Angebot an Sozial- und Übungsformen (Gruppenarbeit, Partnerarbeit, Einzelarbeit; Aktivitäten mit Bewegung, mit Zeichnen, mit Bildmaterial etc.) der Vielfalt der Lerntypen entspricht und dem Erfordernis eines möglichst ganzheitlichen Lernens entgegenkommt.

Schließlich wurde bei der Zusammenstellung dieser Sammlung darauf geachtet, daß alle Fertigkeiten in dem ihnen gebührenden Maß berücksichtigt werden, um so den Umgang mit der Sprache mehrgleisig einzuüben.

Hier einige Erläuterungen zu den Angaben im Inhaltsverzeichnis:

1. Die Übungen sind nach dem Lernniveau gestuft:
- * bedeutet, daß die Übung innerhalb des 1. Lernjahrs eingesetzt werden kann, d.h. parallel zur ersten Hälfte des ersten Bandes eines (zweibändigen) Lehrwerks. Mit
- ** gekennzeichnete Übungen sind für das 2. Lernjahr vorgesehen (zweiter Teil des ersten Lehrbuchbandes);
- *** entsprechen dem Lernniveau des 3. und 4. Lernjahrs (zweiter Band des Lehrwerks), während
- **** an Übungen vergeben wurden, die in sogenannten Nachzertifikats- bzw. Konversationskursen sinnvoll eingesetzt werden können.

Wenn mehrere Niveaus angegeben werden, ist davon auszugehen, daß die Übung bereits auf dem niedrigeren Niveau machbar ist, jedoch von den weiter fortgeschrittenen Lernern besser ausgeschöpft werden kann.

2. Dementsprechend wird auch die Dauer variieren. Die angegebenen Zeiten sind – insbesondere in den eben erwähnten Fällen – nur als Richtwerte zu verstehen.

3. Die für Material und Vorbereitung verwendeten Symbole bedeuten folgendes:
- △ keinerlei Vorbereitung;
- ▲ die Vorbereitung beschränkt sich auf das Mitbringen von Stiften oder auf das Kopieren einer vorhandenen Kopiervorlage (KV);
- ▲ die Vorbereitung beinhaltet das Beschriften von Kärtchen, die Suche nach geeignetem Bildmaterial etc.

Und noch ein Hinweis: Wenn in diesem Buch von „Lernern" die Rede ist, so sind natürlich Lernerinnen und Lerner gemeint. Wir haben uns auf die eine traditionelle Form beschränkt, um das Lesen der Texte nicht durch schwerfällige Formulierungen zu belasten. Wir bitten alle Leserinnen um Verständnis.

Zum Abschluß noch einige Tips:
- Die meisten der in diesem Buch enthaltenen Übungen sehen Partner- oder Gruppenaktivitäten vor. Während die Lerner arbeiten, gehen Sie umher, greifen bei Bedarf helfend ein und versuchen, nach Möglichkeit das Arbeitstempo in den einzelnen Gruppen gleichmäßig zu halten.
- Die meisten schriftlichen Tätigkeiten (z.B. Textproduktion und kreatives Schreiben) können sowohl im Unterricht als auch als Hausarbeit durchgeführt werden.
- Bei einem Großteil der Wortschatzarbeit kann das Wörterbuch benutzt werden, auch wenn dies nicht immer eigens erwähnt wird.
- Achten Sie darauf, daß sich die Übungen nicht zu lange hinziehen. Brechen Sie die Übung ab, bevor das Interesse der Lerner erlahmt.
- Überlegen Sie genau, welche Übung für welchen Kurs geeignet ist. Lassen Sie Diskussionen nicht zu persönlich werden, wenn Sie nicht sicher sein können, daß die entsprechende Bereitschaft vorhanden ist.
- Seien Sie behutsam beim Korrigieren von Fehlern. Vermeiden Sie alles, was die Lerner frustriert und mutlos macht. Versuchen Sie, sie durch indirekte Korrektur oder eigenes Herausfinden von Fehlern zu den richtigen Antworten zu führen.
- Sparen Sie nicht mit Lob und Anerkennung, wenn sich die Lerner intensiv bemühen, wenn sie gut arbeiten und wenn sie richtige Ergebnisse erzielen. Lob hat für die Motivation einen unschätzbaren Wert.

Zuletzt sei noch gesagt, daß diese Rezepte zwar in gebrauchsfertiger Form vorliegen, daß aber Sie der Küchenchef sind. Würzen Sie nach Belieben, variieren Sie nach Bedarf und bereiten Sie ein Mahl, das Ihren Bedürfnissen und denen Ihrer „Gäste" entspricht. Wir wünschen Ihnen gutes Gelingen!

INHALTSVERZEICHNIS

Nr.	Niveau	Lernziele und Lerninhalte	Fertigkeiten	Zeit in Min.	Material/ Vorbereitung	Idee von	Seite
19	∗ bis ∗∗∗	Erstellen von Dialogen, begründen, spekulieren	Sprechen	20	▲ KV	Christine Frank	**36**
20	∗ bis ∗∗∗	Fragen stellen und beantworten; Gr.: *hay-está/n*	Sprechen	30-45	▲	Saxon Menné	**39**
21	∗ bis ∗∗∗∗	Wortschatz	—	25	▲	Mike Lavery	**40**
22	∗∗	Über sich berichten, spekulieren	Sprechen Hören	30-40	△	Malachy Mulholland	**41**
23	∗∗	Persönliche Fragen stellen und beantworten	Sprechen Hören	20-40	△	Mario Rinvolucri	**42**
24	∗∗	Fragen stellen und beantworten	Sprechen	5-20	▲	John Pint	**43**
25	∗∗	Beschreiben, beurteilen, begründen	Lesen Sprechen	40	▲	David Hill	**44**
26	∗∗	Begründen, Vermutungen anstellen	Sprechen	30-40	△	John Morgan	**45**
27	∗∗	Über eigene Interessen sprechen; Wortschatz: Hobbys	Sprechen Schreiben	30-40 und 15-20	△	Chris Mills	**46**
28	∗∗	Fragen stellen; diskutieren; Wortschatz: Berufsbezeichnungen, Adjektive	Sprechen	P. 1-4: 25 P. 5: 20-30	▲ KV	Claudia Kniep	**47**
29	∗∗	Fragen stellen und beantworten; Gr.: *pretérito perf.* Zeitangaben; Var: *Indef.*	Sprechen	45	△	Christopher Sion	**49**
30	∗∗	Grammatikarbeit (nach Wahl der Lerner)	Sprechen	15	▲	Rakesh Bhanot	**50**
31	∗∗	Gegenstände beschreiben, Vermutungen ausdrücken	Sprechen	20	▲	S. Menné Ch. Frank	**51**
32	∗∗	Wortschatzarbeit	Sprechen	P. 1-4: 15-20 P. 5+6: 20	▲	Michèle Meyer	**52**
33	∗∗	Begriffe umschreiben, definieren; Wortschatzwiederholung	Sprechen	15-30	▲	Loren McGrail	**53**
34	∗∗	Beschreiben, Vermutungen anstellen, eine Geschichte erzählen	Sprechen	30	▲ KV	Ian Butcher	**54**
35	∗∗	Vermutungen anstellen, begründen, einen Brief schreiben; Handschriften entziffern	Lesen Sprechen Schreiben	30-45	▲ KV	Cynthia Beresford	**56**
36	∗∗	Textsortenspezifische Ausdrucksweise (Telefon, Telegramm, Brief)	Schreiben Sprechen	60	▲ KV	Mario Rinvolucri Cynthia Beresford	**59**

Nr.	Niveau	Lernziele und Lerninhalte	Fertigkeiten	Zeit in Min.	Material/ Vorbereitung	Idee von	Seite
37	**	Schreibfertigkeit: Briefe schreiben, Var 3: diktieren	Schreiben	20-60	▲	Judith Baker	**61**
38	**	Erstellen von situationsgerechten Dialogen (schriftlich und mündlich)	Schreiben Sprechen	60	▲	David Cranmer	**62**
39	**	Kreatives Schreiben: Phantasiedialog erstellen	Schreiben Sprechen	40	△	David Cranmer	**63**
40	**	Beschreiben, freies Sprechen; Wortschatz: Wohnen	Sprechen	50	△	John Morgan	**64**
41	**	Beschreiben, räumliche Beziehungen erklären; Wortschatz: Wohnen; Gr.: Ortsadverbien und -präp.	Sprechen Hören	45-60	▲	Diane Fitton	**65**
42	**	Beschreiben, begründen, Fragen stellen und beantworten	Sprechen	10-30	▲	Randal Holme	**66**
43	**	Beschreiben; Wortschatz: Geografie; Gr.: Ortsangaben, *hay – está/n*	Sprechen Hören	30-50	▲ KV	Randal Holme	**67**
44	**	Informationen erfragen, Anweisungen geben; Gr.: Ortsadverbien und -präp.	Sprechen	15	▲	Randal Holme	**69**
45	**	Sätze bilden, Wortschatzarbeit	Schreiben	30-40	▲	Bryan Robinson	**70**
46	**	Selektives Hören, Notizen machen	Hören Schreiben	40	▲	John Overton	**71**
47	**	Fragen zu einem Text stellen und beantworten Var: Lesen	Hören Sprechen	30-40	▲	Frances Krish	**72**
48	**	Notizen machen, Text zusammenfassen	Hören Schreiben	40	▲	Sonia Taylor	**73**
49	**	Ratschläge erteilen; Wortschatz: Gesundheit; Gr.: Konditional	Sprechen	30	▲ KV	Frieda Paschael	**74**
50	**	Informationen erfragen u. erteilen; Gr.: Verwandtschaftsnamen, Possessivum	Sprechen	P.1-5: 30 P.6: 30	▲ KV	Ray Janssens	**76**
51	**	Scherzfragen und Antworten kombinieren	—	10	▲ KV	Heidi Yorkshire	**78**
52	** bis ***	Personen beschreiben und identifizieren Var: Lesen + Schreiben	Sprechen Hören;	30-40	▲	Sandra Moulding	**80**
53	** bis ****	Erfahrungsaustausch zum Thema „Telefonieren“	Sprechen Schreiben	P.1+2: 30 P.3: 30	▲ KV	Christopher Sion	**82**
54	** bis ****	Grammatikarbeit (nach Wahl der Lerner) und situationsgerechtes Sprechen	Sprechen	20	△	Marjorie Baudains	**84**

Nr.	Niveau	Lernziele und Lerninhalte	Fertigkeiten	Zeit in Min.	Material/ Vorbereitung	Idee von	Seite
55	** bis ****	Satzbau	—	15-30	△	Peter Schimkus	**85**
56	** bis ****	Hörverstehen und Nacherzählen	Hören Sprechen	ca. 60	▲	Eugene Stemp	**87**
57	** bis ***	Kursorisches Lesen, Hörverstehen, Gehörtes identifizieren	Lesen Hören	20	▲	Allan Ryding	**88**
58	** bis ****	Vervollständigung eines Textes; gezielt ausgewählte Grammatik- oder Wortschatzarbeit	Lesen	30	▲ KV	Margrit Wehrli	**89**
59	** bis ****	Vokabelwiederholung (nach indiv. Wahl der Lerner); freie Textproduktion	Schreiben Sprechen	30	▲	Denny Packard	**92**
60	** bis ****	Kreatives Schreiben: freie Textproduktion	Schreiben	30	▲	Claudia Kniep	**93**
61	** bis ***	Wortschatzarbeit und Textproduktion	Schreiben	2 x 20-30	1. Std.: △ 2. Std.: ▲	Bryan Robinson	**94**
62	** bis ****	Wortschatzarbeit und Textproduktion	Schreiben	60-90	▲	Roy Sprenger	**95**
63	***	Über Unterrichtserwartungen sprechen; Ansichten äußern	Sprechen	45	▲ KV	Joan Hewitt	**96**
64	***	Syntaktisch korrekte Sätze bilden	—	60	▲	Marjorie Baudains	**98**
65	***	Leseverstehen; Analysieren und Konstruieren von Sätzen	—	15-45	▲	J. und D. Willis	**99**
66	***	Wortschatz (Wörter, die man leicht verwechselt)	—	50-60	▲	Rick Haill	**100**
67	***	Gr.: Konditional / Bedingungssatz, *Subjuntivo*	Sprechen	20	△	Ian Butcher	**101**
68	***	Konsequenzen aufzeigen, Hypothesen bilden; Gr.: Bedingungssatz; *Subj.*; *Konditional*	Sprechen	20	△	Mike Levy	**102**
69	***	Textproduktion, Grammatikwiederholung, Rechtschreibung	Schreiben Sprechen Lesen	2x30	1. Std.: △ 2. Std.: ▲	Mike Perry	**103**
70	***	Beschreiben; Gr.: Imperativ, Ortsadverbien und -präp.	Hören Sprechen	20	▲	Miranda Britt	**104**
71	***	Vermutungen ausdrücken und begründen; Werbetext erstellen; Gr.: *Ind.* und *Subj.*	Sprechen Schreiben	30	▲	Mike Lavery	**105**
72	***	Werbetext formulieren und mündlich vortragen	Schreiben Sprechen	15-30	▲	Lou Spaventa	**106**

1

NIVEAU: ✶

LERNZIELE: persönliche Fragen stellen und beantworten, sich vorstellen

Diese Übung eignet sich nur für die erste Unterrichtsstunde eines neu zusammengesetzten Kurses.

VORBEREITUNG:

1. Bringen Sie Tücher mit. Sie brauchen je eines pro Teilnehmer.
2. Außerdem benötigen Sie einen großen Unterrichtsraum. Schieben Sie die Möbel zur Seite, damit sich die Lerner – mit verbundenen Augen – gefahrlos bewegen können.

UNTERRICHTSVERLAUF:

1. Erläutern Sie den Übungsablauf: Die Lerner sollen mit verbundenen Augen durch den Raum gehen. Wenn sie jemanden berühren, stellen sie drei Fragen, um etwas über die betreffende Person zu erfahren. Direkte Fragen wie *¿Cómo te llamas?* oder *¿Quién es usted?* sind jedoch nicht erlaubt.

Hier ein Beispiel:

Maria stößt auf Walter. Die Augenbinden werden nicht abgenommen, und Maria fragt:
¿Cuántos años tiene(s)?
¿Tiene(s) hermanos?
¿Qué ha(s) hecho este sábado?

Walter antwortet und stellt dann seinerseits Fragen an Maria:
¿Qué tipo de música le/te gusta?
¿Es/Eres optimista o pesimista?
¿Ha(s) visto la película "Carmen"?

Empfehlen Sie den Lernern, insbesondere auf die Stimmen zu achten, da sie die Personen später an den Stimmen wiedererkennen sollen.

2. Verteilen Sie die Tücher und bitten Sie die Lerner, entsprechend Punkt 1 vorzugehen. Spielen Sie selbst nicht mit, übernehmen Sie vielmehr die Rolle des Spielleiters und helfen Sie, wenn es sprachliche Schwierigkeiten gibt.

3. Nach etwa zehn Minuten nehmen die Lerner ihre Augenbinden ab. Sie stellen sich nun reihum mit Namen vor. Die anderen achten insbesondere auf die Stimme, und wenn sie sie erkannt haben, erzählen sie, was sie bereits von dieser Stimme im Spiel erfahren haben. Die betreffende Person kann dann sagen, ob die gegebenen Informationen korrekt sind oder nicht. Das Spiel wird so lange fortgesetzt, bis sich jeder vorgestellt hat.

2

NIVEAU: ✶

LERNZIELE: Einstimmung in die Kurssituation (Aufwärmphase)

Diese Übung vermittelt einen sanften Übergang vom deutschsprachigen Alltag in eine Klassenzimmersituation, in der plötzlich spanisch gesprochen werden soll.

UNTERRICHTSVERLAUF:

1. Laden Sie die Lerner ein, der Reihe nach an die Tafel zu kommen und auf deutsch (oder in einer anderen Muttersprache) einen Satz oder ein Wort aufzuschreiben, mit dem sie spontan zum Ausdruck bringen, wie sie sich gerade fühlen, wie der Tag gelaufen ist oder was sie auch immer gerade sagen mögen.
Beispielsweise könnten Äußerungen wie diese an die Tafel geschrieben werden:
Ich habe heute keine Lust! Ich bin müde! Ich freue mich, hier zu sein. Ich habe Durst. So eine Hitze! usw.

2. Wenn einige dieser Äußerungen an der Tafel stehen, fragen Sie die Lerner, ob sie den einen oder anderen Satz auf spanisch sagen und an die Tafel schreiben möchten.

3. Nun geht beispielsweise Lerner A an die Tafel und schreibt an die entsprechende Stelle: *Estoy cansado/a.* Dann fragt er/sie den Schreiber des Satzes *Ich bin müde,* ob er/sie mit der Übersetzung einverstanden ist. Wenn ja, löscht er/sie den deutschen Satz. Auf diese Weise werden die deutschen Sätze nach und nach durch spanische ersetzt.

4. Nun kann jeder und jede den einen oder anderen Satz, der seiner/ihrer Verfassung entspricht, an andere Teilnehmer richten und laut kundtun. Auf diese Weise gehen die Lerner dazu über, spanisch zu sprechen. Sie äußern dabei ihre Gefühle und geben Ihnen die Möglichkeit, die emotionale Verfassung der Klasse richtig einzuschätzen.

3

NIVEAU: ✶, ***VARIANTE:*** ✶ ✶

LERNZIELE: über den Tagesablauf berichten;
Grammatik: *pretérito perfecto.*

MATERIAL: Personenfotos aus Zeitschriften

VORBEREITUNG:

Kleine Fotos von Personen aus Zeitschriften ausschneiden und jeweils auf ein weißes Din A4-Blatt kleben. Sie benötigen für jeden Teilnehmer ein Blatt.

UNTERRICHTSVERLAUF:

1. Sie bitten die Lerner, in Stuhlkreisen zu jeweils 5 bis 10 Personen Platz zu nehmen. Dann verteilen Sie ein vorbereitetes Blatt an jeden Teilnehmer.

2. Nun bitten Sie jeden Teilnehmer, der Person auf dem Bild einen *Namen* zu geben und diesen darunter zu schreiben. Dann wird das Blatt an den rechten Nachbarn weitergereicht, der seinerseits *Alter und Beruf* hinzufügt und das Blatt ebenfalls an den rechten Nachbarn weiterleitet. Nach derselben Vorgehensweise werden nun nachstehende Angaben ergänzt:

- *Familienstand und Anzahl der Personen in der Familie*
- *Adresse*
- *Hobbys und Interessen (2 bis 3 Angaben)*
- *was die Person besonders mag*
- *was die Person absolut nicht ausstehen kann.*

Achten Sie darauf, daß zügig gearbeitet wird, und bitten Sie die Lerner, sich jeweils auf nur einen Satz zu beschränken. Geben Sie der Klasse aber etwas Zeit, sich die fertiggestellten Blätter anzusehen.

3. Nachdem die wesentlichen Informationen festgelegt sind, schlagen Sie vor, die dargestellten und beschriebenen Personen durch ihren Alltag zu begleiten. Fordern Sie die Lerner auf, gemeinsam einen Bericht darüber zu schreiben, wie jede einzelne Person den heutigen Tag verbracht hat.

Zu Beginn schreibt jeder Lerner das Wort *Esta mañana*...auf sein Blatt (eventuell auf die Rückseite oder auch auf ein getrenntes Blatt Papier) und reicht es an seinen linken Nachbarn weiter. Dieser beschreibt in ein bis zwei entsprechenden Sätzen den Tagesbeginn der betreffenden Person und reicht das Blatt wieder an seinen linken Nachbarn weiter. Der Bericht ist abgeschlossen, wenn das Blatt an seinen Ausgangspunkt zurückgekehrt ist. Bei sehr kleinen oder bei sehr engagierten Gruppen empfiehlt es sich, die Blätter eine zweite Runde durchlaufen zu lassen.

4. Lassen Sie bis zum Ende der Unterrichtsstunde die Lerner ihre Berichte vergleichen. Sammeln Sie dann Bilder und Berichte ein. Letztere sollten als Grundlage für eine Fehlerliste dienen, die in der nächsten Stunde besprochen werden kann.

VARIANTE:
Mit etwas weiter fortgeschrittenen Gruppen kann man auch das *Indefinido* üben, indem man nicht *esta mañana* sondern *ayer* vorgibt.

4

NIVEAU: ✶

LERNZIELE: Gehörtes wiedergeben; Grammatik: reflexive Verben im Präsens oder *pretérito perfecto,* Präpositionen

MATERIAL: Overheadprojektor mit Folien und entsprechenden Stiften
(Alternative: Flip-chart und dicke Filzstifte)

UNTERRICHTSVERLAUF:

1. Aufwärmphase: Fragen Sie die Lerner, was sie heute morgen alles gemacht haben. Jeder Lerner sollte Gelegenheit haben, etwa zwei Punkte zu nennen. Vorgesehene Zeit: 5 Minuten.

Wenn das *pretérito perfecto* noch nicht bekannt ist, fragen Sie die Lerner, was sie jeden Morgen tun – und Sie erhalten Antworten im Präsens.

2. Geben Sie jedem Lerner eine Folie und einen Stift.

3. Die Lerner formieren sich zu Paaren. Partner A beschreibt Partner B genau alle Bewegungsabläufe vom Aufwachen bis zum Verlassen des Hauses. Sobald A zu sprechen beginnt, setzt B den Stift auf die Folie und bewegt ihn entsprechend der Beschreibung seines Partners.

Hier ein Beispiel:
Me he levantado y he abierto la ventana, luego he cogido la ropa de la cama y he ido al baño.

Die entsprechende Zeichnung könnte so aussehen:

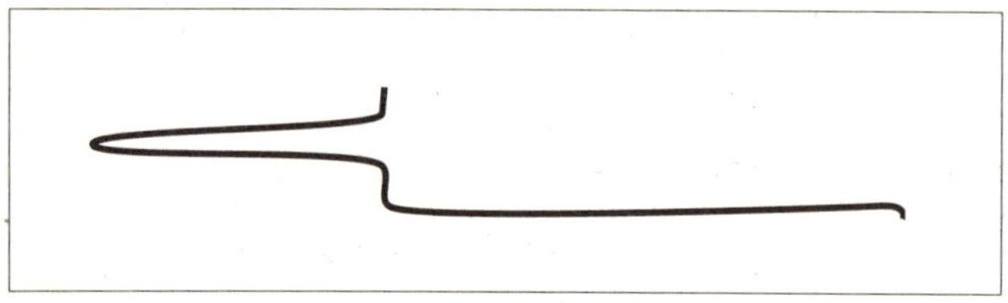

Dabei soll B den Stift nicht von der Folie nehmen und die Linie nicht unterbrechen. Auch sollen weder Wände noch Türen, Fenster oder Möbel eingezeichnet werden.

4. Wenn die Beschreibung zu Ende ist, wird die Zeichnung signiert und von Ihnen eingesammelt. Dann werden die Rollen getauscht: B erzählt, während A zeichnet. Die Zeichnung wird wieder signiert und ebenfalls an Sie gegeben.

5. Legen Sie nun z.B. die Folie eines Partners B auf den Overheadprojektor. Bitten Sie seinen Partner A, nach vorne zu kommen und anhand der Zeichung seine Beschreibung zu wiederholen. Partner B wird daraufhin Ungenauigkeiten korrigieren, Informationen ergänzen und gegebenenfalls Fragen der anderen Lerner beantworten.

6. Das in Punkt 5 beschriebene Vorgehen kann nur bei sehr kleinen Klassen mit allen Partnern wiederholt werden, andernfalls empfiehlt es sich, eine Auswahl zu treffen, um keine Langeweile aufkommen zu lassen.

VARIANTE:
Eine unterhaltsame Variante dieser Übung ist es, Folie für Folie auf den Projektor zu legen und die Klasse zu fragen, welche Assoziationen die Zeichnung wachruft. Dabei kann die Folie nach allen Seiten gedreht werden.

5

NIVEAU: ✶

LERNZIELE: Wortschatz, Sätze bilden

MATERIAL: 40 bis 60 kleine Kärtchen (möglichst in zwei verschiedenen Farben), wobei von einer Teilnehmerzahl von 12 ausgegangen wird

VORBEREITUNG:

Bereiten Sie zwei – möglichst verschiedenfarbige – Sets von 20 bis 30 Kärtchen vor, und schreiben Sie auf *jedes* Kärtchen ein *anderes* Substantiv, das die Lerner bereits kennen und das Sie mit ihnen üben möchten.

UNTERRICHTSVERLAUF:

1. Teilen Sie die Klasse in zwei Gruppen, und geben Sie jeder Gruppe ein Set Kärtchen. Lassen Sie die Lernergruppen die Wörter *unter sich* laut vorlesen und ihre Bedeutung klarstellen, ohne jedoch die andere Gruppe zu informieren.

2. Fordern Sie nun jede Gruppe auf, 6 Wörter (ein Wort pro Lerner) auszuwählen, die ihrer Meinung nach inhaltlich-assoziativ in einem gewissen Zusammenhang stehen. (Bei häufigerem Einsatz dieser Übung werden von den Lernern immer phantasievollere Zusammenhänge hergestellt.)

3. Jeder Lerner bildet nun mit seinem Wort einen beliebigen Satz. Auf diese Weise erhält jede Gruppe sechs Sätze. Nun sucht sich jeder Lerner einen Partner in der anderen Gruppe und tauscht (mündlich) mit ihm die Sätze aus. Er/Sie berichtet dann der eigenen Gruppe, welchen Satz er/sie gehört hat. Ein/e „Sekretär/in" notiert die sechs Sätze der Partnergruppe.

4. Im Anschluß daran wird analysiert, welche Wörter gewählt wurden und welche Assoziationen der Auswahl zugrundeliegen.

6

NIVEAU: ✶, ***VARIANTE:*** ✶ ✶
LERNZIELE: Grammatik: verschiedene Zeitformen; Syntax
MATERIAL: einige Kärtchen

VORBEREITUNG:

Schreiben Sie je eine Zeitangabe auf die Kärtchen, z.B.: *esta mañana, el próximo martes, a las tres y media, este lunes, ahora, mañana, regularmente, (no)...nunca, todos los días, etc.*

UNTERRICHTSVERLAUF:

1. Schreiben Sie einen Satz an die Tafel, z.B: *Mario ha ido a la piscina.* Oder: *He llamado a mi madre.*

2. Erklären Sie den Lernern, daß Sie nun ein Kärtchen mit einem Wort vorzeigen werden, das in diesen Satz – an der richtigen Stelle – einzufügen ist. Dabei muß der Satz entsprechend verändert werden. Die Veränderung kann sowohl die Zeitform als auch die Syntax betreffen.
Hier ein Beispiel: Sie zeigen das Kärtchen mit dem Wort *regularmente*. Der von den Lernern zu bildende Satz lautet: *Mario va regularmente a la piscina* bzw. *Llamo regularmente a mi madre.*

3. Zeigen Sie nun ein Kärtchen nach dem anderen vor und lassen Sie die Lerner den Satz jeweils entsprechend transformieren. Wenn die Klasse bereits eine gewisse Fertigkeit im Umformen der Zeiten gewonnen hat, beschleunigen Sie das Tempo, um die Lerner herauszufordern und Langeweile zu vermeiden.

Diese Übung kann sowohl als Aufwärmer oder Zeitfüller eingesetzt werden als auch zum Wiederholen oder Einüben der Zeitformen dienen. In diesem Fall wiederholen Sie die Übung mit weiteren Sätzen. Dementsprechend kann die Übungsdauer 5 bis 25 Minuten betragen.

VARIANTE:

Für Gruppen, in denen das *Indefinido* und *Imperfekt* schon bekannt sind, können die Vorgaben entsprechend abgewandelt werden, z. B. *ayer, el viernes pasado, antes.*

7

NIVEAU: ✶

LERNZIELE: situationsgerechte Fragen stellen

MATERIAL: Kopien der Seiten 16 (oder 18) und 17, ein Würfel für jeweils vier Lerner, ein Spielstein pro Lerner

VORBEREITUNG:

Kopieren Sie für jeweils 4 Lerner die Seiten 16 und 17. (Wenn Sie das Sprachmaterial selbst festlegen wollen, verwenden Sie Seite 18 – anstelle von Seite 16 – und tragen die dem Lernniveau Ihrer Gruppe entsprechenden Antwortsätze ein.)
Es empfiehlt sich, Seite 16 bzw. 18 auf Karton zu kleben und so ein Spiel„brett" herzustellen.

UNTERRICHTSVERLAUF:

1. Bilden Sie Kleingruppen von vier Personen und geben Sie jeder Gruppe einen Würfel, ein Spiel„brett" und ein Blatt mit den Spielregeln. Außerdem erhält jeder Teilnehmer einen Spielstein. (Gegebenenfalls können auch Münzen oder Papierschnipsel mit entsprechender Kennzeichnung verwendet werden.)

2. Bitten Sie die Lerner, sich die Spielregeln durchzulesen und das Spiel zu beginnen. Bleiben Sie im Hintergrund und greifen Sie nur ein, wenn sich eine Gruppe nicht darüber einigen kann, ob ein Satz richtig oder falsch ist, oder wenn Sie merken, daß eine falsche Entscheidung getroffen wurde. Versuchen Sie, nicht zu unterbrechen, aber haben Sie ein offenes Ohr für auftretende Probleme, die Sie zu einem späteren Zeitpunkt behandeln können.

3. Sobald das Spiel zu Ende ist, gehen Sie nochmals alle Sätze durch, oder Sie fragen die Lerner, ob noch irgendwo Zweifel bestehen. Wenn eine Gruppe das Spiel lange vor den anderen beendet hat, kann sie in der Zwischenzeit selbst ein ähnliches Spiel entwerfen.

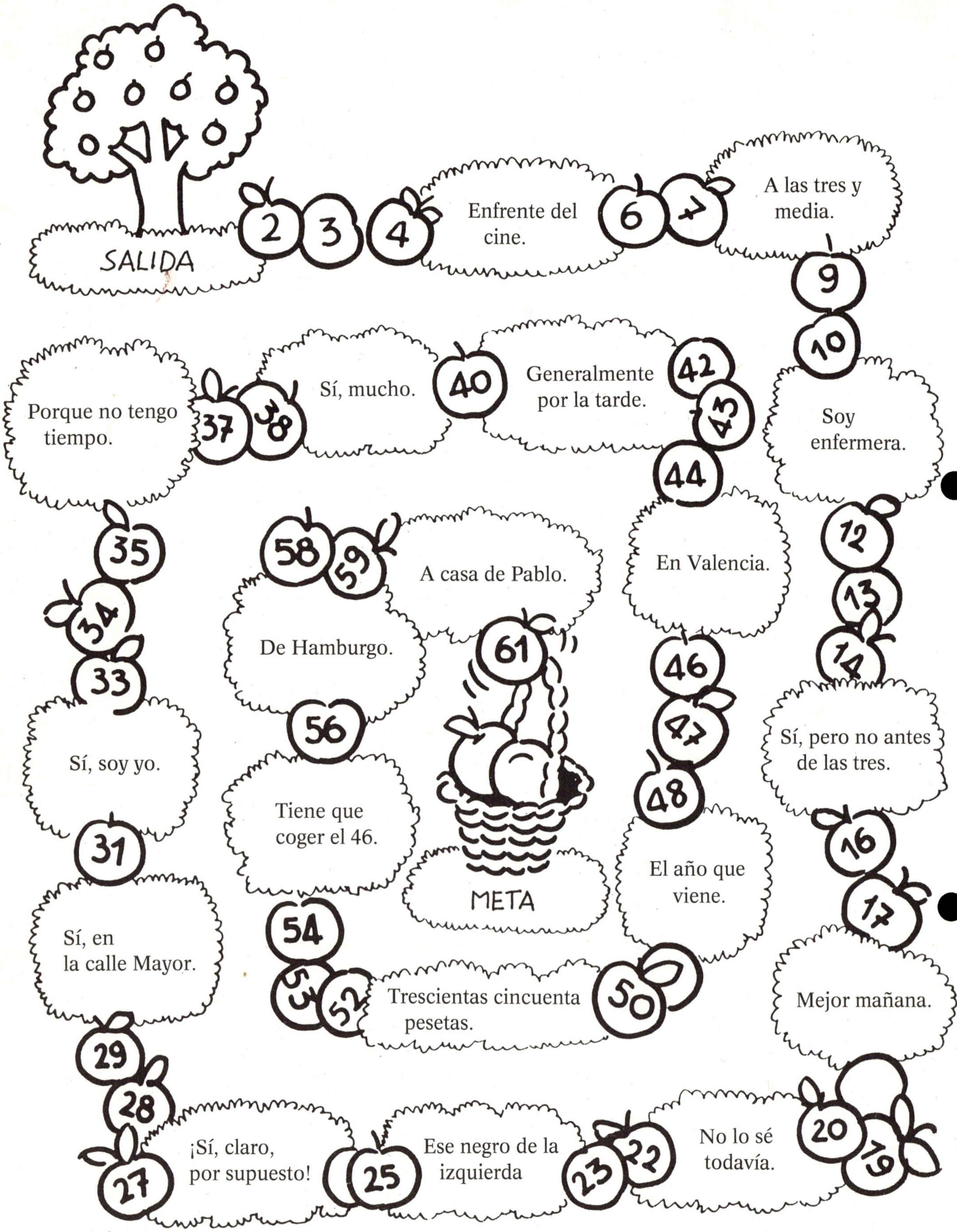

SALIDA
2
3
4
Enfrente del cine.
6
7
A las tres y media.
9
10
Soy enfermera.
12
13
14
Sí, pero no antes de las tres.
16
17
Mejor mañana.
19
20
No lo sé todavía.
22
23
Ese negro de la izquierda
25
¡Sí, claro, por supuesto!
27
28
29
Sí, en la calle Mayor.
31
Sí, soy yo.
33
34
35
Porque no tengo tiempo.
37
38
Sí, mucho.
40
Generalmente por la tarde.
42
43
44
En Valencia.
46
47
48
El año que viene.
50
Trescientas cincuenta pesetas.
52
53
54
Tiene que coger el 46.
56
De Hamburgo.
58
59
A casa de Pablo.
61
META

SPIELREGELN:

1. Setzen Sie alle Spielsteine auf *SALIDA*.

2. Wer zuerst eine Sechs würfelt, beginnt. Es wird im Uhrzeigersinn gespielt.

3. Rücken Sie Ihre Steine entsprechend der gewürfelten Augenzahl vor.

4. Treffen Sie auf ein Feld mit einem Satz, stellen Sie eine Frage, zu der der betreffende Satz die passende Antwort sein könnte.

5. Die Gruppe entscheidet, ob Sie die Aufgabe richtig gelöst haben. (Den Lehrer sollten Sie nur zu Rate ziehen, wenn sich Ihre Gruppe nicht einigen kann.)Wenn Sie „bestanden“ haben, rücken Sie um drei Felder vor, wenn nicht, gehen Sie drei Felder zurück. (In beiden Fällen endet Ihre Aufgabe hier, Sie brauchen keine weitere Frage zu stellen.)

6. Wenn Sie auf einem Zahlenfeld (Apfel) landen, parken Sie hier, bis Sie wieder an der Reihe sind.

7. Wenn Sie auf ein Feld treffen, auf dem bereits ein anderer Spieler steht, rücken Sie um ein Feld weiter und verhalten sich entsprechend.

8. Um das Spiel zu beenden, müssen Sie direkt beim Obstkorb (*META*) ankommen. Wenn Sie beispielsweise auf Feld 61 landen und eine Fünf würfeln, zählen Sie 1 vor und 4 zurück und kommen auf Feld 58 zu stehen – in der Hoffnung, das nächste Mal eine Vier zu würfeln!

SALIDA
2
3
4
6
7
9
10
12
13
14
16
17
19
20
22
23
25
27
28
29
31
33
34
35
37
38
40
42
43
44
46
47
48
50
52
53
54
56
58
59
61
META

8

NIVEAU: ✶, ***VARIANTE:*** ✶ ✶

LERNZIELE: situationsgerechte Fragen stellen, spekulieren

VORBEREITUNG:

Bereiten Sie eine Liste von Antworten vor, und zwar derart, daß die Formulierung der dazugehörigen Fragen die Verwendung von Redemitteln verlangt, die Sie mit den Lernern üben möchten.
Wenn Sie beispielsweise die ***Sprechintention*** „nach dem Weg fragen" wiederholen möchten, formulieren Sie Antworten wie diese:
Siga todo recto hasta el segundo semáforo. Allí, gire a la izquierda.
Sí, en la calle de Toledo, es la tercera a la derecha.
Son unos 20 minutos a pie.

Wenn Sie mehr am Üben der verschiedenen ***Fragewörter*** interessiert sind, formulieren Sie die Antworten so, daß ein möglichst breites Spektrum an Fragepronomen abgerufen werden kann, z.B:
Porque me gusta, y basta. / A las tres y media. / Enfrente del cine Rex. / A Sevilla. / De Friburgo. / Un año más o menos. / Nada. / A partir de las dos.

Auch das ***pretérito perfecto*** kann Übungsziel sein. Dann sehen die Antworten etwa so aus:
A las siete de la mañana, como siempre.
Porque no he tenido tiempo.
No, lo siento, no las he comprado.

UNTERRICHTSVERLAUF:

Verteilen Sie eine Liste mit Ihren vorbereiteten Antworten oder schreiben Sie sie an die Tafel. Die Lerner arbeiten alleine, zu zweit oder in Kleingruppen und versuchen, verschiedene Fragen für die einzelnen Antworten zu finden. Schreiben Sie dann die besten Fragen neben die entsprechende Antwort an die Tafel.

VARIANTE:
Folgende Übungsvariante erfordert keine Vorbereitung und eignet sich besonders für das Kennenlernen der Teilnehmer bei Kursbeginn.

Bitten Sie die Lerner, in Kurzantworten 10 Fakten über sich selbst aufzuschreiben, z.B:
21 – Munich – Marisa – 1976 – la calle – chuletas de ternera – Brasil – miércoles – azucena – septiembre.

Die Lerner suchen sich nun Partner und tauschen die Notizen aus. Es geht darum, durch Vermutungen allmählich herauszufinden, welche die richtige Frage zu der gegebenen Antwort ist. Beispielsweise könnte das Gespräch im bezug auf die Antwort 1976 so laufen:

A: *¿Te casaste en 1976?*
B: *No.*
A: *¿Quizá tuviste un hijo en aquel año?*
B: *No, no estoy casada y tampoco tengo hijos.*
A: *¿Tiene algo que ver con tu familia?*
B: *No, no precisamente.*
A: *¿Entonces tiene que ver con tu trabajo?*
B: *Sí.*
A: *¿Es el año en el que empezaste a trabajar?*
B: *Sí, eso es.*

Zum Abschluß erzählt jeder Teilnehmer der gesamten Klasse, was er/sie vom Partner erfahren hat.

9

NIVEAU: ✶

LERNZIELE: Verabredungen treffen; Wochentage, Uhrzeit

VORBEREITUNG:
Kopieren Sie die Kalenderseite von Seite 21 entsprechend der Teilnehmerzahl.

UNTERRICHTSVERLAUF:

1. Stellen Sie die Redemittel bereit, die zum Treffen von Verabredungen erforderlich sind. Es empfiehlt sich unter anderem, entsprechendes Material mit der Klasse in einem Brainstorming zu erarbeiten. Das Ergebnis sollten beispielsweise Sätze wie diese sein:

- *¿Quedamos esta noche?*
- *¿Cuándo puedo hablar contigo?*
- *¿Tienes cinco minutos para mí?*
- *¿El martes a las tres, te va bien?*
- *Lo siento, pero el lunes por la tarde no puedo, tengo un compromiso.*
- *Vale. Te voy a buscar a las ocho y media.*
- *Tendría que hablar contigo.*
- *¿Por qué no vamos al cine esta noche?*

2. Verteilen Sie die Kopien und fordern Sie die Lerner auf, einige persönliche Termine (z.B. Arbeitsbesprechung, Zahnarzt, Tennis, Theater etc.) einzutragen. Diese Termine sind bereits vereinbart und können grundsätzlich nicht verschoben werden. Es dürfen aber nicht alle Termine verplant werden: Bei einer Teilnehmerzahl von zehn sollten mindestens neun Termine frei bleiben, bei sechs Teilnehmern mindestens fünf.

3. Laden Sie nun die Lerner ein, mit jedem Teilnehmer eine Verabredung zu treffen. (Wenn die Klasse mehr als zehn Teilnehmer zählt, empfiehlt es sich, zwei Gruppen zu bilden.) Auch Sie können mitspielen. Versuchen Sie, mit allen Lernern zu sprechen, so können Sie auch ihr Spanisch überprüfen.

Es ist relativ leicht, die ersten Termine zu vereinbaren, aber in dem Maß, in dem die freien Plätze dahinschwinden, wird es auch sprachlich schwieriger, sich zu verabreden. Letztendlich kann es dazu kommen, daß es unmöglich erscheint, sich mit dem einen oder anderen zu verabreden. In diesem Fall kann man versuchen, die bereits ausgemachten Termine zu verschieben.

LUNES **1**

8 ....
9 ....
10 ....
11 ....
12 ....
13 ....
14 ....
15 ....
16 ....
17 ....
18 ....
19 ....
20 ....

MARTES **2**

8 ....
9 ....
10 ....
11 ....
12 ....
13 ....
14 ....
15 ....
16 ....
17 ....
18 ....
19 ....
20 ....

MIÉRCOLES **3**

8 ....
9 ....
10 ....
11 ....
12 ....
13 ....
14 ....
15 ....
16 ....
17 ....
18 ....
19 ....
20 ....

JUEVES **4**

8 ....
9 ....
10 ....
11 ....
12 ....
13 ....
14 ....
15 ....
16 ....
17 ....
18 ....
19 ....
20 ....

VIERNES **5**

8 ....
9 ....
10 ....
11 ....
12 ....
13 ....
14 ....
15 ....
16 ....
17 ....
18 ....
19 ....
20 ....

SÁBADO **6**

....
....
....
....

DOMINGO **7**

....
....
....
....
....

10

NIVEAU: ✶

LERNZIELE: Vorlieben und Abneigungen äußern, erzählen

VORBEREITUNG:

Sammeln Sie einige Gegenstände, die einen unterscheidbaren Geruch haben und in den Unterricht mitgebracht werden können, z.B. Parfum, Käse, Blumen, Schokolade, Kaffee, Knoblauch, gebrauchter Aschenbecher etc.

UNTERRICHTSVERLAUF:

1. Geben Sie den Lernern eine Einstimmung in die Betrachtung von Gerüchen. Fordern Sie sie auf, einen Augenblick darüber nachzudenken, wie das Leben ohne das Wahrnehmen von Gerüchen aussehen würde.

Gegebenenfalls erinnern Sie daran, daß der Duft der „Madeleines" – eines typischen Pariser Gebäcks – den französischen Autor Marcel Proust dazu veranlaßt hat, sein Werk „Auf der Suche nach der verlorenen Zeit" zu schreiben.

2. Bitten Sie die Lerner, die Augen zu schließen, reichen Sie einige geruchsintensive Gegenstände herum und fragen Sie die Lerner, wie sie die Gerüche empfinden. Versuchen Sie, Stellungnahmen wie

Este perfume me gusta.
Este olor no me gusta.
Detesto este olor.
A mi parecer huele mal/apesta.
No puedo soportarlo.
¡Qué bien huele!

zu erarbeiten, indem Sie selbst Beispiele geben. Versuchen Sie, jeden Lerner zu mindestens einer Äußerung zu veranlassen.

3. Die Lerner notieren nun in ihrem Heft eine Reihe von Gegenständen, deren Geruch sie mögen bzw. nicht mögen:

agradable	desagradable

4. Regen Sie die Lerner an, an verschiedene Orte, Situationen und Menschen zu denken, die in ihnen Gerüche wachrufen. Beispielsweise kann jemand an den Weihrauch in der Kirche, an ein bestimmtes Rasierwasser, an das Desinfektionsmittel in einem Krankenhaus oder an den Geruch vor einer Bäckerei erinnert werden.

5. Die Lerner bilden Paare oder Kleingruppen, vergleichen ihre Listen und erzählen, warum sie bestimmte Gerüche mögen bzw. nicht mögen. Sie schildern einander ausführlich, welche Erinnerungen damit verbunden sind, wo und wann sie diese Situation erlebt haben, welche Personen damit verknüpft waren usw. Sie beantworten schließlich auch Fragen, die sie einander in diesem Zusammenhang stellen.

VARIANTE zu Punkt 3:
Um die Übung einfacher zu gestalten, können Sie eine Reihe von geruchsintensiven Gegenständen nennen und die Lerner dann bitten, sie nach den Kategorien von "agradable" und "desagradable" zu ordnen.

11

NIVEAU: ✶

LERNZIELE: Anweisungen geben und ausführen; Grammatik: Imperativ, Ortsadverbien

MATERIAL: Tücher; großer Unterrichtsraum

UNTERRICHTSVERLAUF:

1. Wiederholen Sie mit der Klasse folgende Redemittel:

Gira a la derecha. / Gire a la derecha.
Gira a la izquierda. / Gire a la izquierda.
Sigue todo recto. / Siga todo recto.
¡Alto ahí! / ¡Párate! / ¡Párese!
Vuélvete. / Vuélvase.
Da dos pasos hacia atrás. / Dé dos pasos hacia atrás.

Je nach Lernniveau können Sie weitere Wörter einführen, die für die Übung (siehe Punkt 3) nützlich sind.

2. Schieben Sie die Möbel an die Wand und lassen Sie nur wenige Gegenstände (kleine Tische, Stühle) als Hindernisse in der Mitte stehen. Bitten Sie die Lerner, sich einen Partner zu suchen und sich den Wänden entlang aufzustellen. Einer der Partner verbindet sich mit einem Tuch die Augen; die Aufgabe des andern ist es, ihn/sie durch entsprechende Anweisungen (vgl. Punkt 1) auf die gegenüberliegende Seite des Raums zu führen, ohne daß er/sie irgendein Möbelstück streift. Wenn die Partner auf der gegenüberliegenden Seite des Raums angekommen sind, werden die Rollen getauscht.

3. Gegebenenfalls kann auch ein Bewertungssystem eingeführt werden: Der „Führer" erhält jeweils einen Punkt, wenn der „Geführte" die Anweisung mißachtet und ein Hindernis berührt, der „Geführte" hingegen, wenn der „Führer" eine falsche Anweisung gibt und ihn dadurch an ein Möbelstück stoßen läßt.

12

NIVEAU: ✶

LERNZIELE: Grammatik: *hay - está/n*; Wortschatz: Wohnen, Farbbezeichnungen (Variante mit Wortschatz: Natur)

VORBEREITUNG:

Kopieren Sie die Zeichnungen auf Seite 25 zweimal und zerschneiden Sie die Blätter so, daß Sie 16 Vignetten erhalten, von denen je zwei identisch sind. (Wenn Sie die Farbbezeichnungen üben wollen, malen Sie die Vignetten mit Buntstiften an.)

UNTERRICHTSVERLAUF:

1. Zeigen Sie der Klasse einige Vignetten und erläutern Sie, daß Sie diese nun verteilen werden und daß es darum geht, durch Fragen und Antworten herauszufinden, wer die gleichen Vignetten besitzt. Erst wenn sich die Partner gefunden zu haben glauben, dürfen die Vignetten gezeigt und verglichen werden.

2. Bevor die Lerner mit der Suche beginnen, üben Sie mit ihnen die erforderlichen Redemittel, z.B.:
¿Su/Tu casa tiene jardín?
Sí./No.

¿Hay árboles?
Sí./No, no hay.

¿Los árboles están a la derecha o a la izquierda?
A la derecha/izquierda.

¿Cuántos pisos hay?
Dos./Tres.

¿Hay también un garaje?
Sí, hay uno./No, no hay ninguno.

¿De qué color es el techo?
Es rojo/gris.

¿Cuántas ventanas hay?
Dos./Cuatro.

¿Está saliendo humo de la chimenea?
Sí./No, no sale humo.

Su/Tu dibujo es idéntico al mío.
No, es diferente.

3. Überprüfen Sie, ob die Lerner die Spielregeln verstanden haben, und verteilen Sie dann die Vignetten.

4. Sagen Sie den Lernern, daß sie sich, wenn sie ihren Partner oder ihre Partnerin gefunden haben, nebeneinander setzen sollen, da sie die nächste Übung zusammen erarbeiten werden.

VARIANTE:
Dieselbe Übung läßt sich mit anderen Themenbereichen durchführen. Vgl. z.B. die Kopiervorlage zum Thema „Natur“ auf Seite 26.

13

NIVEAU: ✶

LERNZIELE: landeskundliche Informationen austauschen und zusammenfassen

VORBEREITUNG:

Kopieren Sie die Sätze von S. 28 und zerschneiden Sie das Blatt so, daß auf jedem Streifen ein Satz zu stehen kommt. Achten Sie darauf, daß Sie für jeden Teilnehmer mindestens einen Streifen zur Verfügung haben.

UNTERRICHTSVERLAUF:

1. Verteilen Sie die Streifen mit den Sätzen. Wenn Sie mehr Streifen als Teilnehmer haben, können Sie einigen Teilnehmern auch zwei Streifen geben. Haben Sie weniger Streifen als Teilnehmer, lassen Sie jeweils zwei Lerner an einem Streifen arbeiten. Bei großen Klassen empfiehlt es sich, zwei oder drei Gruppen (mit jeweils gleichem Material) zu bilden.

2. Sagen Sie den Lernern, daß sie sich den Inhalt ihres Satzes merken, aber nicht an andere weiterleiten sollen. Dabei ist es nicht wichtig, den genauen Wortlaut zu behalten, es geht vielmehr um die im Satz enthaltene Information. Erklären Sie – jedem einzelnen – eventuell unbekannte Wörter. Lassen Sie es aber nicht zu, daß sich die Lerner Notizen machen. Sammeln Sie die Streifen anschließend ein.

3. Fordern Sie nun die Lerner auf herumzugehen und den anderen den Inhalt ihres Satzes mitzuteilen. Geben Sie nur spärliche Anweisungen. Lassen Sie den Lernern genug Zeit, um die Informationen auszutauschen, aber überschreiten Sie nicht den Zeitpunkt, an dem sich Langeweile auszubreiten beginnt.

4. Fordern Sie die Lerner auf, wieder ihre Plätze einzunehmen. Nun bitten Sie sie, eine Zusammenfassung dessen zu machen, was sie an Informationen erhalten haben. Das kann in Einzelarbeit oder in Partnerarbeit geschehen.

5. Im Anschluß daran vergleichen die Lerner ihre Aufzeichnungen mit denen anderer Teilnehmer bzw. Paare. Schließlich wählt die Gesamtgruppe eine/n „Sekretär/in“, der/die eine gemeinsam zu erarbeitende Endversion an die Tafel schreibt. Wenn der Wunsch danach vorhanden ist, können Sie – zum Vergleich – Kopien der Originalversion verteilen.

VARIANTE:
Wenn Sie die Landeskunde Lateinamerikas in den Mittelpunkt stellen wollen, bieten sich die Sätze von Seite 29 als Kopiervorlage an.

Juan Carlos I es Rey de España desde 1975.

España entra en la Comunidad Europea (CE) en 1986.

Madrid tiene unos 4 000 000 de habitantes.

Madrid es la capital más alta de Europa.

Cataluña ha sido siempre una de las Comunidades Autónomas más industrializadas.

En España hay cuatro lenguas oficiales: el castellano o español, el gallego, el catalán y el vasco.

Muchas palabras españolas son de origen árabe: *almohada, alcalde, alfombra.*

En las “Fallas de Valencia” (19 de marzo) se queman figuras de cartón que representan personajes de la vida política y cultural.

El pico más alto de España es el Teide en Tenerife con 3718 metros de altura.

El 12% de los madrileños come habitualmente fuera de casa.

En el centro de España los contrastes entre el invierno y el verano son extremos: de 10° bajo cero hasta 40°.

Las Islas Canarias tienen un clima subtropical, con temperaturas medias de 20°.

España es el tercer consumidor mundial de pescado.

En Alemania “Sekt”, en Francia “champán” y en España “cava”.

Con el matrimonio de Isabel de Castilla y Fernando de Aragón (1479) se unen estos dos reinos y España se convierte en un estado.

Miguel Barceló es el más internacional de los jóvenes pintores españoles.

En el siglo XIII se construyen las grandes catedrales góticas, como las de Burgos, Toledo y León.

La noche del 31 de Diciembre, la noche de fin de año, se llama Nochevieja.

Muchos españoles celebran el día de su santo.

El español es la tercera lengua del mundo después del chino y del inglés.

La agricultura es la actividad económica más importante de México.

Chile es el mayor exportador mundial de cobre.

Cuba es la isla más grande de las Antillas.

Argentina es el más grande de los países de lengua española.

"Cebiche" es un plato con pescado crudo y salsa de limón que se come en Perú, México y otro países de Latinoamérica.

El 49% de los peruanos tiene menos de 19 años y sólo 5,4% tiene más de 60 años.

Colombia es el segundo productor de café del mundo.

México es el cuarto productor mundial de petróleo.

En Argentina la primavera empieza en septiembre y el otoño en marzo.

La ciudad de México es una de las capitales más pobladas del mundo con 19 millones de habitantes.

En Venezuela se dice "sueter" en vez de "jersey".

En Chile viven unas 200 000 personas con apellido alemán.

Algunas palabras españolas son de origen indio: *cacao, tomate, cóndor, puma.*

El Amazonas tiene una longitud de 6300 kilómetros.

El lago Titicaca está situado a 3812 metros sobre el nivel del mar.

El lago Titicaca tiene una extensión de más de 8000 kilómetros cuadrados.

La cadena de los Andes, la mayor del mundo, se extiende a lo largo de más de 8000 km por América del Sur.

Carlos Gardel es el más famoso cantante y compositor de tangos.

El cultivo más importante de los Incas, la patata, ha revolucionado los hábitos alimentarios de gran parte de la humanidad.

14

NIVEAU: ✶

LERNZIELE: Rechtschreibung und Aussprache der Laute [θ], [g], [x], [k], [b], [tʃ]; (Variante: Wortakzent)

VORBEREITUNG:

Stellen Sie eine Liste von Wörtern zusammen, wobei jeweils 4 dieselbe Lautkombination aufweisen, z.B:

– *ciudad/zapato/océano/azul*
– *grande/lago/guitarra/guerra*
– *banco/kilo/queso/Quito*
– *gente/general/jardín/ojo*
– *churro/coche/Chile/leche*
– *vaso/bolso/también/Valencia*

UNTERRICHTSVERLAUF:

Schreiben Sie die Wörter in ungeordneter Reihenfolge an die Tafel, und lassen Sie die Lerner die Wörter aussprechen. Sprechen Sie nie ein Wort vor, lassen Sie immer zuerst den Lerner sprechen. Stellen Sie sich dann hinter den jeweiligen Lerner und wiederholen Sie das Wort, so daß er/sie Ihre Stimme mit der korrekten Aussprache hört und sich dabei ganz auf den Klang konzentrieren kann.

2. Teilen Sie die Klasse in Kleingruppen und lassen Sie die Lerner die 6 „Quartette" finden. Gegebenenfalls können Sie die Lautgruppen, um die es sich handelt, in Lautschrift angeben. Gehen Sie dann umher, und helfen Sie bei Ausspracheschwierigkeiten. Lassen Sie aber auch jetzt immer zuerst den Lerner sprechen.

3. Wenn die Gruppen ihre Arbeit beendet haben, bitten Sie jeweils eine/n „Sekretär/in", ein „Quartett" an die Tafel zu schreiben. Daraufhin lesen Sie alle Wörter in der von den Lernern zusammengestellten Gruppierung vor. Wenn es falsche Zuordnungen gibt, werden die Lerner dies aufgrund Ihrer Aussprache erkennen und korrigieren können. Sollte der Fehler nicht bemerkt werden, geben Sie an, wo das Problem liegt, möglichst ohne es direkt zu benennen.

4. Wenn die richtige Zuordnung an der Tafel steht, werden durch Brainstorming weitere Beispiele an die einzelnen Gruppen angefügt (z.B. *cine/azúcar; gracias/gusto; Cuba/calamares; julio/gente)*

5. Nun bilden die Lerner Sätze, die jeweils mindestens drei Wörter mit derselben Lautqualität enthalten, z.B.:
*A mi **g**ato le **g**ustan los **gu**isantes. Mucha **g**ente **j**uega al a**j**edrez.*

Die Sätze können durchaus etwas konstruiert wirken. Wichtig ist, daß sie korrekt sind, da sie die Grundlage für Punkt 6 darstellen.

6. Jeder Lerner liest nun einen Satz vor, den die anderen in ihr Heft schreiben. Der Satz soll nicht öfter als zweimal vorgelesen werden.

Daraufhin schreiben die Lerner der Reihe nach ihren Satz an die Tafel, so daß die anderen ihre Rechtschreibung überprüfen können.

Nun lesen Sie die Sätze nochmals vor, damit sich die richtige Aussprache einprägt.

7. Zum Abschluß bitten Sie die Lerner, je einen Satz auszuwählen, den sie gerne mit Emphase zum Ausdruck bringen möchten. Stellen Sie sich wieder (wie bei Punkt 1) hinter den Lerner und nehmen Sie Ihre Korrektur diesmal insbesondere im Hinblick auf die Betonung und die Satzmelodie vor.

VARIANTE:

VORBEREITUNG:

Wenn Sie insbesondere die Betonung (Wortakzent auf der letzten bzw. vorletzten Silbe) üben möchten, bereiten Sie Wortlisten wie diese vor:
- *jerez/tomar/ideal/revolución/ordenador/verdad*
- *débil/grave/lápiz/coche/antiguo/palabra/cocina/paraguas/hablan.*

UNTERRICHTSVERLAUF:

Gehen Sie analog zu der in Punkt 1 bis 4 beschriebenen Abfolge vor, und lassen Sie die Lerner die jeweiligen beiden Wortgruppen zusammenstellen, an die Tafel schreiben und ergänzen. Zum Abschluß der Übung kann Punkt 5 durchgeführt werden. Die übrigen Punkte entfallen.

15

NIVEAU: *

LERNZIELE: Liedtext rekonstruieren

MATERIAL: Lied auf Cassette, Cassettenrecorder; Liedtext, dünner Karton

VORBEREITUNG:

Wählen Sie ein geeignetes relativ kurzes Lied aus: Der Liedtext sollte den Lernern nicht bekannt sein, ihrem Lernniveau aber in etwa entsprechen. Schreiben Sie den Text, Zeile für Zeile, auf einen dünnen Karton. Machen Sie davon einige Kopien (etwa für je 3 Lerner eine Kopie). Dann schneiden Sie die kopierten Texte in Streifen, wobei auf jedem Streifen eine Liedzeile zu stehen kommt. Sortieren Sie die Streifen so, daß jedes Set den kompletten Liedtext enthält.

UNTERRICHTSVERLAUF:

1. Geben Sie jeder Gruppe (je 3 Personen) ein gut gemischtes Set von Streifen. Es ist nun Aufgabe der Lerner, die richtige Reihenfolge herauszufinden. Unbekanntes Vokabular kann vorher eingeführt oder aber auch dann erklärt werden, wenn Schwierigkeiten auftreten.

2. Spielen Sie das Lied zunächst so leise vor, daß die Worte nicht verstanden werden können. Spielen Sie es wiederholt vor und erhöhen Sie die Lautstärke nach und nach. Die Übung funktioniert dann am besten, wenn es für die Lerner ein wenig zu schwierig ist, den Text zu verstehen und das Lied in dem Augenblick deutlich vernehmbar wird, in dem die Aufmerksamkeit der Zuhörer nachzulassen beginnt. Plötzlich wird dann den Lernern klar, daß sie die Worte tatsächlich verstehen können, wenn sie aufmerksam zuhören.

3. Wenn alle Gruppen die Anordnung ihrer Streifen mit Hilfe des Liedes überprüft haben, sammeln Sie die Streifen ein. (Sie können sie in einem anderen Kurs wieder verwenden).

Wenn möglich, verteilen Sie nun Kopien des kompletten Liedtextes, oder die Lerner diktieren Ihnen den Text, und Sie schreiben ihn an die Tafel. Geben Sie den Lernern dann auch die Gelegenheit, den Text abzuschreiben.

Nun erklären Sie alles, was sprachlich oder inhaltlich noch nicht ganz verständlich ist. Abschließend singen Sie das Lied mit der Gruppe, wobei gegebenenfalls auch ein Teilnehmer die Leitung übernehmen kann.

16

NIVEAU: ✶

LERNZIELE: Spiel – Wortschatzwiederholung (Körperteile)

Diese Übung mit Spielcharakter erfordert Aufmerksamkeit und Konzentration, macht aber großen Spaß. Es darf allerdings nicht übersehen werden, daß es sich um eine Wiederholungsübung handelt und daß die Bezeichnungen für die Körperteile bereits bekannt sein müssen. Es ist davon abzuraten, diese Übung zur Einführung des Wortschatzes zu verwenden, da dadurch allzu große Verwirrung entstehen könnte.

UNTERRICHTSVERLAUF:

1. Zur Einstimmung in die Übung zeichnen Sie die Umrisse einer menschlichen Gestalt an die Tafel. Schreiben Sie Wörter wie *mano, pierna, ojo* etc. neben die betreffenden Körperteile und bitten Sie die Klasse, weitere Begriffe zu nennen, die Sie dann an die entsprechende Stelle der Zeichnung schreiben.

2. Bitten Sie nun einen Lerner, an die Tafel zu kommen und mit Ihnen zusammen vorzuzeigen, wie die Übung durchzuführen ist. Sie übernehmen die Rolle von A, der Lerner die Rolle von B:

A berührt seinen/ihren Ellbogen und sagt: *Esta es mi nariz.*

B muß nun darauf reagieren, indem er/sie sich an die Nase faßt und sagt: *Este es mi codo.*

Nun ist B an der Reihe, zeigt auf seinen/ihren Kopf und sagt: *Este es mi pie.* A zeigt auf seinen/ihren Fuß und sagt: *Esta es mi cabeza.*

Vergewissern Sie sich, daß alle verstanden haben, worauf es ankommt.

3. Teilen Sie nun die Klasse in Zweiergruppen und lassen Sie die Lerner möglichst viele Beispiele mit komischen Kombinationen finden. Ziel der Übung ist es, sich die Wörter durch ihre häufige Wiederholung einzuprägen.

17

NIVEAU: ✶

LERNZIELE: Spiel – Fragen stellen; Wortschatz

Es geht hier darum, einen „Trick“ herauszufinden, der darin besteht, daß der Anfangsbuchstabe des Namens des jeweiligen Lerners die Grundlage für die Bildung von neuem Vokabular darstellt.

Das setzt allerdings voraus, daß die *Vornamen* der Teilnehmer bekannt sind und daß der *Wortschatz* der Lerner bereits so groß ist, daß sie auch Wörter mit selteneren Anfangsbuchstaben assoziieren können.

UNTERRICHTSVERLAUF:

1. Erklären Sie den Lernern, daß es hier um ein Spiel geht und daß sie sich vorstellen sollen, eine schwierige Expedition zu unternehmen, für die nur wenig Gepäck zulässig ist. Daher muß jeweils nachgefragt werden, ob dieses oder jenes mitgenommen werden darf.

Beispielsweise fragt **B**eate: *¿Puedo llevarme una mochila?,* und sie wird die Antwort erhalten: *No, no puedes.* Hätte sie Gegenstände wie ***b**lusa,* ***b**olso,* ***b**otas* etc. vorgeschlagen, wäre die Antwort positiv gewesen, da diese Dinge mit dem ersten Buchstaben ihres Vornamens beginnen.

2. Während die Lerner reihum die Fragen stellen, antworten vorerst Sie als Kursleiter mit *sí* und *no*. Nach und nach werden die Lerner den Trick durchschauen und Ihnen bei der Beantwortung der Fragen helfen.

18

NIVEAU: ✶

LERNZIELE: Spiel – Üben von Zahlen, rechnen

MATERIAL: Würfel (3 pro Kleingruppe; z.B. 20 Lerner = 5 Kleingruppen à 4 Lerner = 15 Würfel)

UNTERRICHTSVERLAUF:

1. Malen Sie die Zeichen für die Grundrechenarten (**+**, **–**, **x**, **:**) an die Tafel. Verwenden Sie dann einige Minuten darauf, die Grundrechenarten einzuüben bzw. zu wiederholen, z.B:
2 más 2 son 4.
10 menos 7 son 3.
5 por 5 son 25.
16 entre 2 son 8.

2. Erklären Sie die Spielregeln (siehe unten). Geben Sie Beispiele, damit vor Beginn des Spiels allen klar ist, worum es geht.

3. Teilen Sie die Lerner in Gruppen von drei bis fünf Personen. In jeder Gruppe wird ein/e „Sekretär/in" bestellt, der/die die Spielleitung übernimmt, aber auch selbst am Spiel teilnehmen kann, wenn er/sie es möchte. Geben Sie jeder Gruppe drei Würfel. Wünschen Sie den Spielern viel Glück und bitten Sie sie zu beginnen.

SPIELREGELN:

a) Die Spieler würfeln immer mit drei Würfeln (= ein Wurf).

b) Die gewürfelten Augen werden durch die Grundrechenarten (addieren, substrahieren, multiplizieren, dividieren) so miteinander verbunden, daß sich eine Zahl ergibt, die möglichst nahe an 15 herankommen soll, diese Zahl aber keinesfalls überschreiten darf; z.B:

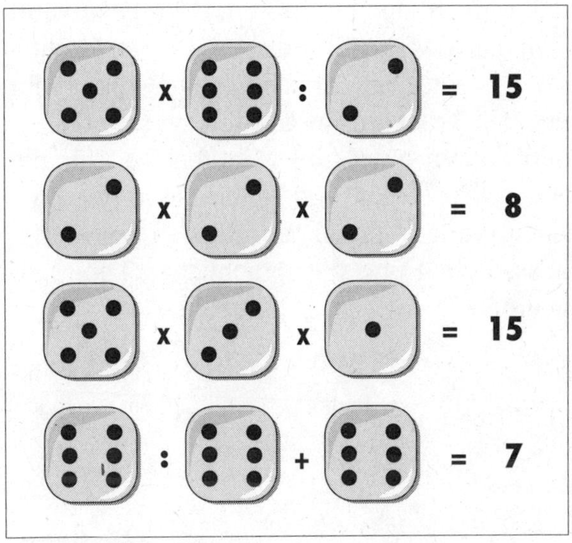

c) Jeder Spieler – gegebenenfalls auch der/die „Sekretär/in" – führt Buch über die bei jedem Wurf erreichte Endzahl. Ziel des Spieles ist es, die Gesamtzahl 100 zu erreichen. Wenn der erste Spieler dieses Ziel erreicht hat, können die anderen entscheiden, ob sie den zweiten und den dritten Platz ermitteln oder ein neues Spiel beginnen wollen.

19

NIVEAU: ✶ bis ✶✶✶

LERNZIELE: Erstellen von Dialogen (schriftlich und mündlich), begründen, spekulieren

MATERIAL: mehrere große Fotos (zwei Personen im Gespräch) oder vergrößerte Kopien der Fotos auf Seite 37 f.

UNTERRICHTSVERLAUF:

1. Bringen Sie die 6 bis 10 mitgebrachten Fotos so im Unterrichtsraum an, daß alle sie deutlich sehen können.

2. Die Lerner arbeiten in Paaren. Jedes Paar wählt ein Foto aus, das die Grundlage für einen kleinen Dialog darstellt. Der Rest der Gruppe sollte nicht wissen, welches Foto ausgewählt wurde. Geben Sie den Paaren etwa fünf Minuten Zeit für die Erstellung des Textes, und gehen Sie in der Zwischenzeit umher, um bei auftretenden Schwierigkeiten zu helfen und die sprachlichen Fehler zu korrigieren.

3. Abschließend lesen die Paare ihre Dialoge – mit verteilten Rollen – vor. Noch wirkungsvoller ist es, wenn die kleinen Szenen gespielt werden. Der Rest der Gruppe muß raten, welches Foto gewählt wurde und seine Annahme begründen.

Anmerkung:
Sollen Redemittel geübt werden, die sich gezielt auf bestimmte Sprechintentionen beziehen (z.B. jemanden begrüßen, jemanden einladen, argumentieren, eine Auseinandersetzung führen etc.), sind die Fotos entsprechend auszuwählen.

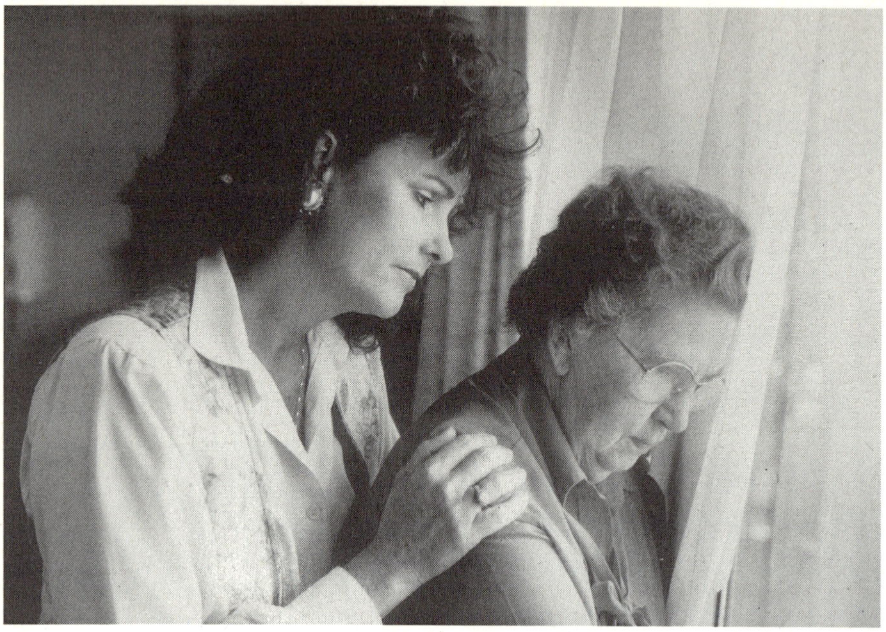

QUISNO
SUB

20

NIVEAU: ✶ bis ✶✶✶

LERNZIELE: Fragen stellen und beantworten;
Grammatik: *hay - está/n*

VORBEREITUNG:

Schneiden Sie aus einer Zeitschrift drei Bilder aus, die relativ viele Details aufweisen (z.B. Wohnungseinrichtungen).

UNTERRICHTSVERLAUF:

1. Zeigen Sie der Klasse eines der Fotos 45 bis 60 Sekunden lang. Entfernen Sie es dann und stellen Sie Gedächtnisfragen nach folgendem Muster:
- *¿De qué color es...?*
- *¿Qué lleva la persona que está en el centro?*
- *¿Qué hay en el fondo a la derecha?*

Passen Sie die Fragen dem Lernniveau der Klasse an. Gegebenenfalls zeigen Sie das Bild zwei- bis dreimal und stellen dann jeweils wieder neue Fragen.

2. Teilen Sie die Klasse in zwei Gruppen: A und B. Geben Sie jeder Gruppe ein Bild und fordern Sie sie auf, je zwölf Verständnisfragen für die andere Gruppe vorzubereiten. In der Zwischenzeit gehen Sie umher und achten darauf, daß die Fragen sprachlich korrekt sind.

3. Gruppe A betrachtet nun das Bild von Gruppe B eine Minute lang. Dann stellt Gruppe B ihre Fragen, die von Gruppe A beantwortet werden. Für richtige Antworten werden Punkte vergeben und an der Tafel notiert. Das Frage- und Antwortspiel kann auf verschiedene Weise durchgeführt werden:

a) Die Fragen werden von den Mitgliedern der Gruppe B reihum gestellt und von Gruppe A (einzeln oder im Team) beantwortet.

b) Die Lerner arbeiten paarweise, und zwar so, daß jeweils ein Mitglied der Gruppe A von einem Mitglied der Gruppe B befragt wird. (Vorteil: jeder Lerner muß alle zwölf Fragen stellen bzw. beantworten und kommt daher mehr zum Sprechen.) Wenn so gearbeitet wird, ist es nötig, daß jeder Lerner die Fragen in schriftlicher Form vorliegen hat.

c) Jedes Mitglied von Gruppe B wählt zwei bis drei Fragen und stellt sie der Reihe nach an alle Mitglieder von Gruppe A. Wenn die Befragungen abgeschlossen sind, sollte Gruppe A jedenfalls die Möglichkeit erhalten, das Bild nochmals zu sehen und zu überprüfen, was im Gedächtnis geblieben war und was nicht.

4. Nun werden die Rollen getauscht: Gruppe A fragt, und Gruppe B antwortet (Wiederholung des Ablaufs ab Punkt 3).

Anmerkung:
Wenn die Bilder relativ einfach sind und ihr Inhalt sorgfältig ausgewählt wird, so daß keine allzu großen Wortschatzprobleme auftreten, kann diese Übung bereits im Anfängerunterricht eingesetzt werden. Die Fragen könnten dann etwa so lauten:
- *¿Hay un/una...?*
- *¿Dónde está(n) el/la/los/las...?*
- *¿Cuántos/as...hay?*
- *¿Qué...?*

In diesem Zusammenhang kann insbesondere auch die Verwendung von *hay* und *está/están* geübt werden.

21

NIVEAU: ✶ bis ✶✶✶✶

LERNZIELE: Wortschatz

VORBEREITUNG:

Wählen Sie etwa 30 Wörter aus, die Sie mit den Lernern wiederholen möchten.

UNTERRICHTSVERLAUF:

1. Schreiben Sie fünf der Wörter, die geübt werden sollen, in folgender Anordnung an die Tafel:

gaviota piedra

confusión

lámpara dedo

Abb. 1

Fordern Sie nun die Gruppe auf, Wortassoziationen zu bilden und dabei von den Ecken ausgehend auf die Mitte hin zu arbeiten, wobei an der Tafel beispielsweise folgendes Schema entstehen kann:

gaviota piedra
mar duro
playa hierro
ola fuego
tormenta volcán
peligro
confusión
pistola ambulancia
ladrón accidente
oscuro herido
lámpara dedo

Abb. 2

2. Geben Sie den Lernern die Liste der Wörter, die Sie zur Wiederholung ausgewählt haben. Aus dieser Liste lassen Sie 5 beliebige Wörter auswählen und – entsprechend Abb. 1 – auf ein Blatt Papier schreiben. Dann trägt jeder Lerner seine individuellen Assoziationen ein (vgl. Abb. 2).

3. Nach etwa 10 bis 15 Minuten beenden die Lerner die Übung und vergleichen ihre Ergebnisse.

22

NIVEAU: ✶✶

LERNZIELE: über sich berichten, spekulieren

Diese Übung versteht sich als „Eisbrecher" zu Beginn eines neuen Kurses, sie kann aber auch später eingesetzt werden.

UNTERRICHTSVERLAUF:

1. Es wird paarweise gearbeitet. Die Lerner können sich selbst ihren Partner suchen, oder Sie bestimmen, wer mit wem zusammenarbeitet. Letzteres empfiehlt sich insbesondere dann, wenn sich die Teilnehmer noch wenig kennen und Schwierigkeiten haben, von sich aus aufeinander zuzugehen.

2. Erklären Sie den Lernern, daß sie ihrem Partner etwas über sich selbst erzählen sollen. Dabei können sie nach Belieben viel oder wenig Persönliches preisgeben. Wichtig ist aber, daß etwa 75% dessen, was sie sagen, *nicht* wahr ist.

Der Ablauf geht so vor sich: Während der eine Partner spricht, macht sich der andere Notizen. Daraufhin werden die Rollen getauscht.

3. Die Lerner wiederholen diesen Vorgang drei- bis viermal mit jeweils unterschiedlichen Partnern. Jedem neuen Partner erzählen sie etwas anderes. Jedoch ist darauf zu achten, daß sie immer über dasselbe Thema (z.B. Hobbys, Familie, Beruf, Reisen) sprechen, d.h. sie erzählen zu *einem* Thema *verschiedene* „Lügengeschichten".

4. Nun wird – mit Hilfe der Notizen – im Plenum berichtet, was jeder einzelne in den verschiedenen Interviews über sich erzählt hat. Dabei treten natürlich Widersprüche zu Tage, und es muß spekuliert werden, wo der „wahre Kern" liegt.

5. Abschließend erzählt jeder soviel „Wahrheit" über sich selbst, wie er möchte.

23

NIVEAU: * *

LERNZIELE: persönliche Fragen stellen und beantworten

Diese Übung sollte zu einem Zeitpunkt eingesetzt werden, da die Lerner noch nicht allzu viel faktisches Wissen über einander haben. Andererseits muß eine offene Atmosphäre herrschen und echte Kommunikationsbereitschaft gegeben sein.

UNTERRICHTSVERLAUF:

1. Sagen Sie den Lernern, daß Sie bereit sind, Fragen zu Ihrer Person zu beantworten, und bitten Sie sie, zehn möglichst persönliche Fragen schriftlich zu formulieren.

2. Während die Lerner ihre Fragen zu Papier bringen, gehen Sie umher und helfen jedem einzelnen bei der Formulierung. (Dabei soll sich Ihre Hilfe und Korrektur jeweils nur auf den letzten Satz beziehen; denn, wenn der Lerner beispielsweise gerade den Satz Nr. 7 formuliert, so kann ein Fehler im ersten Satz für ihn emotional meilenweit entfernt sein!)

3. Wenn jeder Teilnehmer 8 bis 10 Fragen niedergeschrieben hat, wählen Sie einige Lerner aus, für die Sie besondere Sympathie empfinden und von denen Sie glauben, daß auch sie sich in Sie einfühlen können. Bitten Sie sie, im Halbkreis hinter Ihnen Platz zu nehmen, und zwar mit Blickkontakt zur Klasse. Sammeln Sie die Fragen dieser Personen ein und geben Sie sie den anderen Teilnehmern.

4. Nun sitzen Sie – ebenso wie die Personen im Halbkreis – der Klasse gegenüber und fordern diese auf, alle aufgezeichneten Fragen an Sie zu stellen. Sie selbst bleiben stumm; an Ihrer Stelle geben die Personen im Halbkreis die Antworten, von denen sie meinen, daß es auch Ihre Antworten wären.

Während des „Interviews“ vermeiden Sie den Augenkontakt mit den Fragestellern, reagieren aber durch Gesten (z.B. Kopfnicken) auf die Antworten Ihrer *Alter Egos*, so daß diese Ihnen „vom Rücken ablesen“ können, ob sie in Ihrem Sinne geantwortet haben.

Je stärker Sie sich auf Ihre non-verbalen Reaktionen konzentrieren, umso mehr Intensität und Spannung erhält die Übung.

5. Schließen Sie eine feedback-Runde an. Wie fühlten sich die *Alter Egos* bei der Beantwortung der an Sie gerichteten Fragen? Wie war es am Anfang, wie im Verlauf der Übung? Waren die Fragesteller mit den Antworten zufrieden?

6. Wenn die Lerner daran Interesse zeigen, kann die Übung mit einer anderen Person auf dem „heißen Stuhl“ wiederholt werden.

24

NIVEAU: ✶✶

LERNZIELE: Fragen stellen und beantworten

VORBEREITUNG:

Wählen Sie einen Lehrbuchtext (Geschichte, Dialog) aus, den die Lerner vor kurzem erarbeitet haben. Die Personen der Handlung (es kann sich auch um nur eine einzige Person handeln) sollten fiktive Gestalten sein. Bereiten Sie Fragen vor, die sich auf diese Person/en beziehen und deren Beantwortung nicht aus dem Text erschlossen werden kann.

UNTERRICHTSVERLAUF:

1. Vergeben Sie die entsprechende/n Rolle/n an einen bzw. mehrere ihrer leistungsfähigsten Lerner und bitten Sie sie, Ihre Fragen zu beantworten, die Sie wie ein eiliger Reporter auf die Interviewten herunterprasseln lassen. Wenn Sie mit Ihren vorbereiteten Fragen am Ende sind, erfinden Sie neue.

Hier ein Beispiel:

Sie: *¿Felipe, estás casado?*
Lerner X: *Sí.*
Sie: *¿Qué hizo tu mujer cuando supo que Teresa...?*
Lerner X: *Pues, fue a su casa y...*
Sie: *¿Es verdad, Teresa?*
Etc.

2. Sobald die Spielregeln bekannt sind, lassen Sie einzelne Lerner die Rolle des Reporters übernehmen. Zum Abschluß bietet sich eine Diskussion darüber an, wie überzeugend die Antworten gewirkt haben und wie die anderen Teilnehmer die Fragen beantwortet hätten.

Anmerkung:
Beim ersten Durchgang übernimmt der Kursleiter die Rolle des Interviewers, damit die Fragen möglichst weit vom Text wegführen und die Lerner gezwungen werden, die Antworten in ihrer Phantasie zu suchen. Wenn diese Übung öfter eingesetzt wird, bekommen alle Lerner die Chance, einmal Interviewer oder Interviewter zu sein.

25

NIVEAU: ✶✶
LERNZIELE: beschreiben, beurteilen und begründen
MATERIAL: alte Zeitschriften

UNTERRICHTSVERLAUF:

1. Bringen Sie einen Stapel alter Zeitschriften mit und fordern Sie die Lerner auf, sie in den nächsten 15 Minuten durchzublättern und dabei besonders auf die Werbeanzeigen zu achten.

2. Nun wählt jeder Lerner eine Anzeige aus
- die ihm/ihr gut gefällt
- die er/sie gar nicht leiden mag
- die er/sie werbewirksam findet
- die er/sie für mißlungen erachtet.

3. Regen Sie nun ein Gespräch über die ausgewählten Anzeigen an: Fordern Sie die Lerner auf, ihre Wahl zu begründen und sich mit Kommentaren und Fragen an der Besprechung der von anderen gewählten Anzeigen zu beteiligen.

Gegebenenfalls können Sie geeignete Redemittel vorgeben, z.B:
Me gusta porque...
No me gusta porque...
Lo encuentro...
Según mi opinión...
Me parece...
Diría que...

4. Schreiben Sie einige Werbeslogans an die Tafel, die sich aus Punkt 3 ergeben und die Ihnen Gelegenheit bieten, bestimmte sprachliche Phänomene zu bearbeiten. Vertiefen Sie diese Spracharbeit, indem Sie die von den Lernern ausgewählten Anzeigentexte zu Hilfe nehmen.

26

NIVEAU: ✶✶

LERNZIELE: Begründungen geben, Vermutungen anstellen

Diese Übung eignet sich insbesondere für Klassen, die schon länger zusammen arbeiten und in denen die Teilnehmer bereits eine Menge voneinander wissen.

UNTERRICHTSVERLAUF:

1. Teilen Sie die Klasse in 4er- bis 6er-Gruppen ein.

2. Jedes Gruppenmitglied schreibt 5 Wörter auf, die in irgendeiner Weise mit den Personen dieser Gruppe zu tun haben.

3. Jede Gruppe erstellt dann eine Liste mit allen von der Gruppe gesammelten Wörtern. Gemeinsam werden sodann 20% der Wörter (d.h. 4-6) gestrichen. Jeder Lerner schreibt die gekürzte Liste ab.

4. Er/Sie setzt nun neben jedes Wort auf der Liste eine Zahl zwischen 0 und 10, wobei 0 für „unwichtig, bedeutungslos" und 10 für „äußerst wichtig" steht. Die Zahl bezieht sich auf die eigene, persönliche Einschätzung des betreffenden Begriffs.

Nun wählt er/sie sich eine Person aus der Gruppe und setzt neben jedes Wort eine zweite Zahl, von der er/sie meint, daß sie der Beurteilung der betreffenden Person entspricht.

Beispielsweise mag ein Lerner neben das Wort *televisión* eine 3 setzen, weil er/sie persönlich lieber ein Buch liest, als zweite Zahl aber eine 8 vermerken, weil er/sie ein Gruppenmitglied gewählt hat, von dem er/sie weiß, daß es die Wochenenden häufig vor dem Bildschirm verbringt.

5. Die Ergebnisse werden nun im Plenum verglichen. Dazu können folgende Fragen gestellt werden:

¿Hay palabras escogidas por todos los grupos?
¿Hay grandes diferencias en la evaluación?
¿Por qué se evalúan algunas cosas más positivamente que otras?
¿Cómo me ven los otros? ¿Corresponde a cómo me veo yo?

27

NIVEAU: ✶✶

LERNZIELE: über eigene Interessen sprechen, über ein Thema referieren; Wortschatz: Hobbys

UNTERRICHTSVERLAUF:

Erste Unterrichtsstunde:

1. Diskutieren Sie mit den Lernern über ihre Hobbys. Bitten Sie dann die Teilnehmer, je drei Interessenbereiche auf ein Blatt Papier zu schreiben.

2. Gruppieren Sie nun die Lerner paarweise und fordern Sie die Zweiergruppen auf, ihre Interessen zu vergleichen. Schließlich sucht sich jedes Paar ein anderes Paar, um das Thema in einer Vierergruppe zu erörtern. Sie gehen in der Zwischenzeit umher und notieren, welche Hobbys am meisten vertreten sind.

3. Nun wird in jeder Vierergruppe ein Sprecher bestimmt, der das Plenum über die Interessen der Gruppe informiert. Fordern Sie die Lerner auf, sich nach Interessengebieten zusammenzufinden. „Einzelgänger" suchen sich die Gruppe, mit der sie sich am ehesten identifizieren können.

4. Bis zum Ende der Unterrichtsstunde bereiten die jeweiligen Gruppen ein einführendes Gespräch vor, mit dem sie in einer der nächsten Unterrichtsstunden die Darstellung ihres Interessenbereichs einleiten werden. Lassen Sie die Gruppen selbst bestimmen, wann sie ihre Berichte abgeben wollen. Sollte es diesbezüglich Meinungsverschiedenheiten unter den Gruppenmitgliedern geben, greifen Sie vermittelnd ein.

Zweite Unterrichtsstunde:

5. Lassen Sie die Gruppen ihren Bericht zum vereinbarten Termin vortragen. Achten Sie jedoch darauf, daß nicht eine Person das Referat beherrscht, sondern sehen Sie zu, daß alle Gruppenmitglieder Gelegenheit zum Sprechen erhalten. Das Gespräch wird dann mit der ganzen Klasse fortgesetzt, wobei die anderen Teilnehmer sowohl Fragen an die Gruppe stellen als auch eigene Beiträge zum Thema liefern.

28

NIVEAU: ✶✶

LERNZIELE: Fragen stellen, über Vorurteile diskutieren; Wortschatz: Berufsbezeichnungen, Adjektive

MATERIAL: kleine Kärtchen oder Kopie der Seite 48

VORBEREITUNG:

Kopieren Sie die Seite 48 und zerschneiden Sie sie in „Kärtchen", oder stellen Sie selbst eine Liste von etwa 12 Berufsbezeichnungen zusammen. Achten Sie darauf, daß die Liste Berufe enthält, die sowohl positive als auch negative Assoziationen wecken.

UNTERRICHTSVERLAUF:

1. Zur Einstimmung in das Thema bitten Sie die Lerner, möglichst viele Adjektive zu nennen, die auf Personen angewandt werden können (z.B. *amable, tierno de corazón, duro, sensible, cabezón, tonto, tímido, distraído, valiente, abierto, reservado, honesto, desconfiado, superficial* etc.), und schreiben Sie sie an die Tafel. Versichern Sie sich, daß alle die Bedeutung dieser Adjektive kennen.

2. Teilen Sie die Klasse in Zweiergruppen und geben Sie jedem Paar ein Kärtchen. Nun wählen die Paare je 10 der an der Tafel stehenden Adjektive aus, von denen sie glauben, daß sie Eigenschaften bezeichnen, die für die Vertreter des betreffenden Berufs typisch sind.

3. Anschließend schlüpfen die beiden Partner in die Rolle „ihres" Berufs und stellen sich aufgrund der entsprechenden Eigenschaften vor. So kann beispielsweise das Paar mit dem Kärtchen *modelo* sagen: *Somos quizá un poco tontas y superficiales, pero es sólo la primera impresión. En el fondo somos muy sensitivas y tenemos sensibilidad para el arte.* Notieren Sie die Klischees, die zu Tage treten (vgl. Punkt 5).

4. Während sich die Paare auf diese Weise vorstellen, versucht der Rest der Klasse, den Beruf zu erraten. Die Fragen können etwa so gestellt werden:

¿Trabajáis en el teatro?

¿Tenéis que cantar bien?

Geantwortet werden darf nur mit *sí, no* oder *a veces.*

5. Wahrscheinlich werden die üblichen Klischees vom oberflächlichen Fotomodell und dem zerstreuten Professor auftauchen. Das kann für Sie eine willkommene Gelegenheit sein, eine Diskussion über Art und Entstehung von Vorurteilen einzuleiten.

Zur Einführung in die Thematik bitten Sie die Lerner, eine Liste von wohlbekannten Stereotypen zusammenzustellen. Anschließend schlagen Sie ihnen vor, darüber nachzudenken, welche Menschen sie kennen, die den angesprochenen Personengruppen angehören. Stimmt das Stereotyp mit dem Erscheinungsbild der betreffenden Person überein?

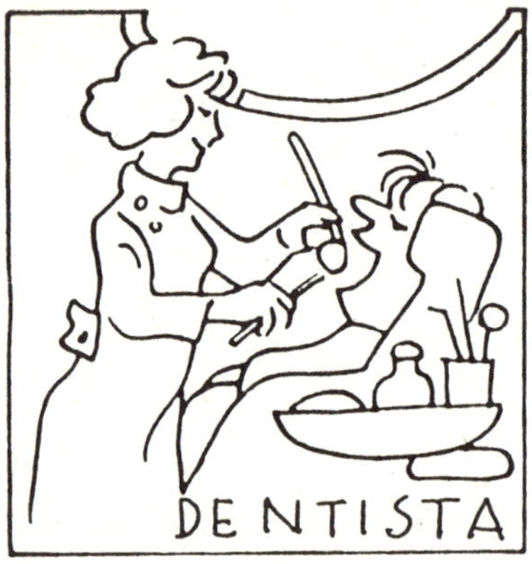
DENTISTA

PINTOR

CARNICERO

CAMARERO

MODELO

SECRETARIA

CURA

GUARDIA
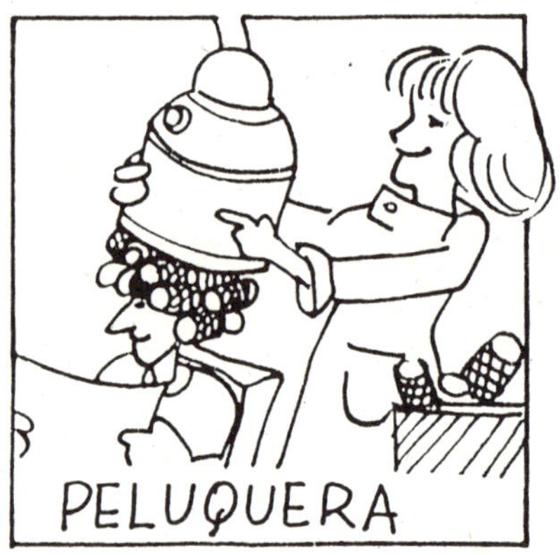
PELUQUERA

JUEZ

POLÍTICO

A×B +
√3+A
PROFESORA

29

NIVEAU: ✶✶

LERNZIELE: Fragen stellen und beantworten;
Grammatik: *pretérito perfecto*, Zeitangaben

UNTERRICHTSVERLAUF:

1. Fragen Sie die Lerner reihum nach einem Vorkommnis aus jüngster Zeit, z.B. *¿Ha comprado algo esta semana?*
Stellen Sie dazu folgende Fragen: *¿Dónde? ¿Cuánto ha pagado? ¿Qué ha comprado?*
Oder Sie fragen: *¿Cuándo ha hablado por teléfono la última vez?* Und Sie fügen hinzu: *¿Ha llamado usted o la/lo han llamado? ¿Le gusta llamar por teléfono? ¿Dónde está el teléfono en su casa? ¿Quién llama más en su familia?*

Lassen Sie den Lernern Zeit zum Nachdenken, aber achten Sie auf ein zügiges Tempo. Wenn nötig, können Sie durch eigene Beispiele manche Anregung geben. Machen Sie deutlich, daß der Aspekt „la última vez" die Grundlage für die Diskussion ist. Wenn ein Lerner sagt, daß er/sie sich an die letzte bezahlte Rechnung oder an den letzten Telefonanruf nicht erinnern kann (oder daß das eine allzu persönliche Sache gewesen sei), so gehen Sie auf ein anderes Thema über.

2. Sammeln Sie etwa 25 Beispiele und schreiben Sie sie an die Tafel oder auf ein Flip-chart. Versuchen Sie, die Lerner möglichst intensiv an der Erstellung dieser Liste zu beteiligen, aber achten Sie darauf, daß Sie eine gute Mischung von mehr allgemeinen und eher persönlichen Fragen bekommen. Hier eine Reihe von Beispielen:
- *comprar algo*
- *escribir una carta*
- *regalar algo*
- *ver una película*
- *hacer un viaje*
- *cenar fuera de casa*
- *enfadarse*
- *dar un beso a alguien*
- *cometer un error*
- *olvidarse de algo*
- *mentir*
- *dormir en un hotel*
- *ir a la misa*
- *ir al teatro*
- *perder algo*
- *prometer algo*
- *estar en el extranjero*

3. Die Lerner arbeiten nun paarweise. Jedes Paar wählt 12 der aufgelisteten Themen aus, um darüber zu sprechen. Wenn die Partner einzelne Punkte intensiver besprechen möchten, so können auch weniger Themen behandelt werden. Ebenso ist es möglich, eine größere Anzahl von Themen zu streifen, wenn kein Bedürfnis besteht, ins Detail zu gehen. Jedenfalls liegt die Entscheidung bei den Lernern, die somit selbst bestimmen, wie distanziert oder wie persönlich die einzelnen Themen behandelt werden sollen.

4. Nun diskutieren die Paare über die von ihnen ausgewählten Themen.

VARIANTE:
Im Unterricht mit weiter fortgeschrittenen Lernern läßt sich diese Aktivität zum Üben des *Indefinido* einsetzen. Die Fragen können dann nach dem Muster: "*¿Cuál es la última carta que escribiste/escribió?*" etc. abgewandelt werden.

30

NIVEAU: ✶✶
LERNZIELE: Grammatikarbeit (nach Wahl der Lerner)
MATERIAL: Kärtchen in Postkartengröße

VORBEREITUNG:

Überlegen Sie, welche Grammatikprobleme Sie wiederholen möchten und schreiben Sie je eines – klar formuliert und für alle Lerner verständlich – auf ein Kärtchen. Gegebenenfalls geben Sie zur Verdeutlichung ein Beispiel an.

UNTERRICHTSVERLAUF:

1. Bitten Sie je 6 Lerner, sich in einen Stuhlkreis zu setzen, und geben Sie jedem Teilnehmer ein Kärtchen. Achten Sie darauf, daß auf jedem Kärtchen ein anderes Grammatikproblem verzeichnet ist und daß die Lerner den Inhalt ihres Kärtchens für sich behalten.

2. Schlagen Sie nun jeder 6er-Gruppe ein Diskussionsthema vor (z.B. Urlaubsplanung, Vorbereitung eines Kindergeburtstags etc.), das die Teilnehmer interessiert.

3. Die Diskussion geht nun so vor sich, daß sich die Teilnehmer zum Thema äußern und dabei jeweils die auf ihrem Kärtchen angegebene Struktur verwenden.

Hier ein Beispiel:

Auf Roberts Kärtchen steht *pretérito perfecto*, auf Natalias Kärtchen *posesivo*. Das Diskussionsthema lautet: *Vacaciones en la montaña*.

Robert könnte sagen: *Este año he pasado las vacaciones en la montaña y he decidido: nunca más.*

Und Natalias Beitrag könnte lauten:

Me gustaría mucho ir a Grecia, mi país preferido, pero mi marido quiere ir a Suiza y mi hija piensa invitar a una amiga suya a pasar dos semanas en nuestra casa.

4. Helfen Sie, wo es nötig erscheint, lassen Sie aber die Lerner sich gegenseitig korrigieren, soweit dies möglich ist. Brechen Sie die Übung nach 5 bis 10 Minuten ab.

Nun sollen die Lerner sagen, welche Strukturen die anderen ihrer Meinung nach wiederholt benutzt haben.

5. Wenn entsprechendes Interesse vorhanden ist, können die Lerner ihre Kärtchen austauschen, ein neues Diskussionsthema wählen und die Übung wiederholen.

31

NIVEAU: ✶✶

LERNZIELE: Gegenstände beschreiben, Vermutungen anstellen; begründen

MATERIAL: große Tasche, Beutel oder Korb

UNTERRICHTSVERLAUF:

1. Legen Sie einen persönlichen Gegenstand in den Behälter, ohne zu zeigen, was es ist. Bitten Sie nun die Lerner, dasselbe zu tun, während Sie den Behälter herumreichen.

(Bei Klassen unter 7 Teilnehmern empfiehlt es sich, daß jeder Lerner zwei Gegenstände abgibt.)

2. Schütten Sie nun den Inhalt vorsichtig (!) auf einem Tisch aus, oder nehmen Sie die Gegenstände nach und nach aus dem Behälter heraus. Sagen Sie den Lernern, daß sie jetzt nicht ausplaudern sollen, wem was gehört.

3. Besprechen Sie nun jeden Gegenstand einzeln. Lassen Sie ihn genau beschreiben und benennen. Schreiben Sie das anfallende Vokabular an die Tafel.

4. Sagen Sie den Lernern, daß es nun ihre Aufgabe ist, festzustellen, was wem gehört. Um Vermutungen auszudrücken, können Redemittel wie folgende angeboten werden:
Supongo que esta pulsera es de...
Imagino que...
Creo que...
Diría que...
Estoy seguro/a que...

Achten sie darauf, daß jeweils auch Begründungen für die Annahmen gegeben werden. Die angesprochenen Personen antworten jeweils mit: *Sí, es mío/a.* Oder: *No, no es mío/a.*

Die Übung ist beendet, wenn alle Gegenstände zu ihrem Eigentümer zurückgekehrt sind.

32

NIVEAU: ✶✶

LERNZIELE: Wortschatzarbeit

VORBEREITUNG:

Formulieren Sie Definitionen, die auf bestimmte Dinge gleichermaßen zutreffen (vgl. Punkt 4).

UNTERRICHTSVERLAUF:

1. Erklären Sie, was unter diesen Definitionen zu verstehen ist und geben Sie einige Beispiele: *¿Qué tienen en común el cielo, unos vaqueros, el mar y un zafiro?* (Todos son *azules.*)

2. Bitten Sie zwei Kursteilnehmer, nach vorne zu kommen und sich mit dem Rücken zur Tafel aufzustellen. Schreiben Sie nun beispielsweise an die Tafel: *cosas que se abren y se cierran* und lassen Sie die Klasse Beispiele nennen (wie z.B. una *puerta,* la *boca,* una *tienda,* un *banco,* una *cuenta corriente* etc.), die Sie ebenfalls an die an die Tafel schreiben.

3. Nach einigen Minuten löschen Sie die Definition, so daß nur noch die einzelnen Wörter an der Tafel stehen. Bitten Sie nun die beiden Lerner, die nach vorne gekommen waren, sich umzudrehen und herauszufinden, was die aufgelisteten Wörter gemeinsam haben. Sie können Fragen stellen und Vermutungen äußern. Wenn das Raten ins Stokken gerät, helfen Sie mit einigen Beispielen nach; lassen Sie aber die Lerner nicht um das Vergnügen kommen, „die Nuß zu knacken".

4. Wiederholen Sie das Spiel mit einem anderen Lernerpaar und anderen Definitionen. Hier sind einige Beispiele:
cosas que siempre son un par
cosas que no se pueden comprar
cosas que se tienen en la nevera
cosas que producen miedo
algo que no pueda verse
cosas que se encuentran en una oficina
cosas que poseen un olor especial
cosas de vidrio
cosas que están en la cocina

5. Wenn entsprechendes Interesse besteht, können Sie weitere Definitionen von den Lernern finden lassen. Schreiben Sie die Beispiele an die Tafel. Teilen Sie dann die Klasse in Kleingruppen und geben Sie 10 Minuten Zeit, damit die Lerner zu 2 bis 3 Definitionen entsprechende Beispiele finden.

6. Ein/e Sprecher/in trägt dann die zu den einzelnen Definitionen gefundenen Wörter im Plenum vor.

33

NIVEAU: ✶✶

LERNZIELE: Begriffe umschreiben, definieren; Wortschatzwiederholung

MATERIAL: Kärtchen in Postkartengröße

VORBEREITUNG:

Schreiben Sie auf jedes Kärtchen 5 Wörter, die nach einem von Ihnen gewählten Kriterium zusammenpassen. Sie benötigen für jeden Lerner ein Kärtchen. Wenn die Teilnehmerzahl sehr groß ist, lassen Sie in Paaren arbeiten; Sie benötigen dann nur ein Kärtchen für je zwei Lerner. Achten sie darauf, daß sowohl die Kategorien als auch die einzelnen Wörter bekannt sind. Hier einige Bespiele:

Palabras que empiezan por "l"	Cosas que son rojas	Líquidos
lengua	sangre	agua
leche	fuego	sangre
limón	cereza	vino
luz	tomate	gasolina
libro	pintalabios	leche

UNTERRICHTSVERLAUF:

1. Geben Sie jedem Lerner bzw. Paar eine Karte und 5 Minuten Vorbereitungszeit, um sich zu überlegen, wie sie diese fünf Wörter der Klasse beschreiben können. Die Beschreibung soll möglichst knapp und präzise sein. Gesten sind nicht erlaubt.

2. Nach Ablauf der Vorbereitungszeit umschreiben die Lerner – wie in Punkt 1 dargestellt – ihre Begriffe, und der Rest der Klasse versucht, sie zu erraten und anschließend auch die Kategorie zu bestimmen, der sie angehören.

VARIANTE:

Wenn Sie dem Spiel mehr Wettbewerbscharakter verleihen möchten, teilen Sie die Klasse in zwei Gruppen und vergeben Punkte für richtige Antworten.

34

NIVEAU: ∗ ∗

LERNZIELE: beschreiben, Vermutungen anstellen, eine Geschichte erzählen; Grammatik: *pretérito perfecto*

MATERIAL: Overheadprojektor

VORBEREITUNG:

Kopieren Sie die Zeichnungen von Seite 55 auf eine Folie.

UNTERRICHTSVERLAUF:

1. Wiederholen Sie mit den Lernern die Redemittel, die verwendet werden, um eine Vermutung auszudrücken, z.B.:
Supongo que...
Me parece que...
A lo mejor...
Probablemente... etc.

2. Legen Sie die Folie auf den Overheadprojektor und decken Sie sie so ab, daß nur Bild 1 sichtbar ist. Fordern Sie die Lerner auf zu sagen, was sie sehen. Mögliche Antworten sind z.B.:
Hay alguien en la cama.
Veo a un hombre que está durmiendo.

3. Nun fragen Sie die Lerner, ob dieser Mann wirklich schläft oder ob man vielleicht etwas anderes vermuten könnte:
¿Duerme de verdad?

Geantwortet werden kann etwa so:
Quizá está muerto.
Supongo que descansa.

4. Sammeln Sie möglichst viele korrekte Sätze und decken Sie dann nach und nach die Bilder 2 bis 5 auf. Verfahren Sie mit jedem Bild wie bei Bild 1 beschrieben. Versuchen Sie, den Übungsablauf möglichst wenig zu steuern und der Phantasie der Lerner freien Lauf zu lassen. Geben Sie Ihre eigenen Ideen nur ein, wenn der Prozeß ins Stocken gerät.

5. Lassen Sie zum Abschluß die Lerner (in Kleingruppen, im Plenum oder als Hausaufgabe) die Geschichte - samt Vorgeschichte - erzählen, die sich hinter dem Bild 5 verbergen könnte.

Mögliche Aussagen zu den Bildern:

Bild 2: *Supongo que está herido. Quizá el vaso le ha caído en la cabeza. Quizá se ha desmayado. Me parece que está triste y está mirando las estrellas.*

Bild 3: *Probablemente el viento ha abierto la ventana. Alguien debe haberlo herido con el vaso. A lo mejor ha abierto la ventana para que entre el aire fresco.*

Bild 4: *Quizá llora. Probablemente se trata de un delito. Supongo que alguien lo ha asesinado.*

Bild 5: *A lo mejor lo ha herido este hombre. A mí me parece que la víctima no está muerta. Probablemente ha ocurrido por la noche.*

Anmerkung:
Wenn Sie gut zeichnen können oder keinen Overheadprojektor zur Verfügung haben, können Sie die Bilder auch an die Tafel zeichnen.

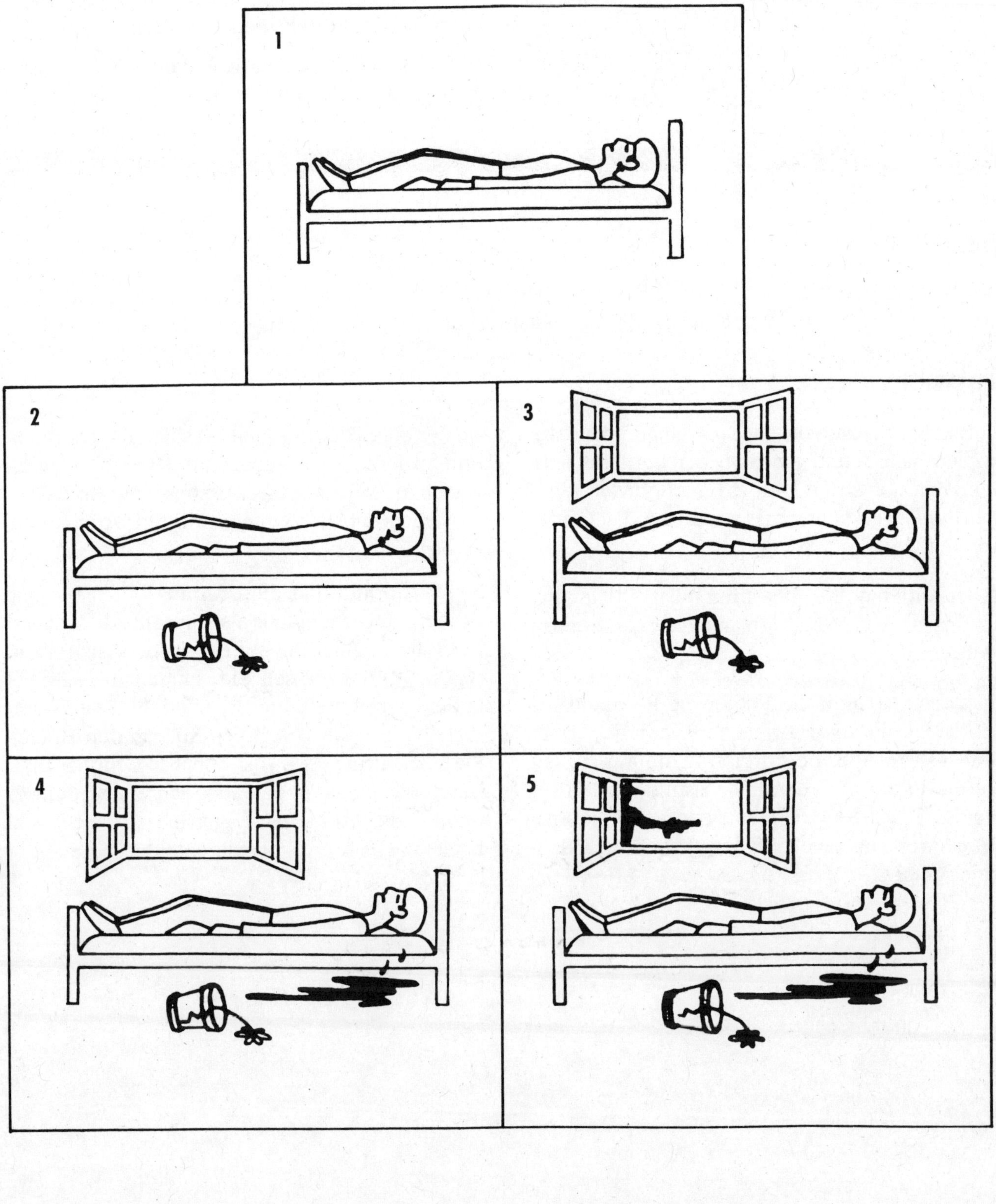
1
2
3
4
5

35

NIVEAU: ✶✶

LERNZIELE: Vermutungen anstellen, begründen, einen Brief schreiben; Handschriften entziffern

MATERIAL: zwei handgeschriebene Briefe oder Kopien von S. 57 und 58; Personenfotos aus Zeitschriften

VORBEREITUNG:

Bereiten Sie zwei handgeschriebene Briefe vor (wobei einer die Antwort auf den anderen sein soll), oder kopieren Sie den Brief von Seite 57 mit dem entsprechenden Antwortbrief von Seite 58.

UNTERRICHTSVERLAUF:

1. Reichen Sie die Schreiben (Originale oder Fotokopien) herum und geben Sie den Lernern genügend Zeit zum Lesen. Um das Entziffern der Handschriften zu erleichtern, kann auch in Paaren gearbeitet werden.

2. Diskutieren Sie den Inhalt der Briefe und schildern Sie die Situation, in der sie geschrieben wurden.

3. Lassen Sie nun die Lerner die Personen beschreiben, die diese Briefe verfaßt haben. Über eine allgemeine Beschreibung hinaus sollen Vermutungen über den Lebensstil der Verfasser angestellt werden. Die Handschrift und die Ausdrucksweise lassen ebenfalls phantasievolle Spekulationen zu.

4. Verteilen Sie Personenfotos aus Zeitschriften und fordern Sie die Lerner auf, Hypothesen aufzustellen, welche dieser Personen die Briefe geschrieben haben könnten, und ihre Annahmen zu begründen.

5. Im Anschluß an diese Übung bitten Sie die Lerner – gegebenenfalls als Hausaufgabe – einen Brief als Erwiderung auf das Antwortschreiben (vgl. S. 58) zu verfassen. Sie sammeln diese Briefe in der nächsten Stunde ein. In der Stunde darauf verteilen Sie die von Ihnen korrigierten Briefe. Sie teilen die Klasse in 4er- oder 6er-Gruppen und lassen die Kleingruppen über Schreibstil, Schrift und Inhalte diskutieren. Sagen die verschiedenen Briefe etwas über die Persönlichkeit der Schreiber aus?

Gandía, 15 de septiembre

Querida Virginia:

Te escribo desde Gandía, un pueblo pequeño de Valencia. El pueblo mismo no es bonito, pero la playa es maravillosa. Sí, sí... como lo oyes: ¡Estoy de vacaciones!!

El tiempo aquí es estupendo, siempre brilla el sol y por el día hace mucho calor. Pero a veces por las mañanas hace tanto aire que me quedo en el hotel y leo o duermo.

Los miércoles hay mercadillo en el pueblo. Ya sabes que me gusta mucho pasear y ver qué venden en los puestos. Pero lo mejor es el pescado. Generalmente lo compro directamente en el puerto y lo asamos en la playa.

Por las tardes-noches voy con algunos amigos a bailar o a cenar, siempre bastante tarde, cuando empieza a refrescar.

En fin, me lo paso muy bien. Si decides venir a verme, sólo tienes que escribir y empiezo a buscar alojamiento.

Un beso

Juan

Madrid, 20 de septiembre

Querido Juan

Me alegro muchísimo de que te diviertas tanto en Gandía. ¡Qué envidia me das! Aquí hace un calor asfixiante y no tengo tiempo de ir a ningún sitio a refrescarme. Esta semana tenemos mucho trabajo, pero la semana que viene tengo el lunes y el martes libre. Si encuentras alguna habitación puedo pasar esos cuatro días contigo en la playa. Estoy cansado y me viene bien descansar un poco y olvidarme de todo esto.

Hecho. Me llamas el jueves y me dices si has encontrado algo.

Muchos besos

Virginia

36

NIVEAU: ✶✶

LERNZIELE: textsortenspezifische Ausdrucksweise (Telefon, Telegramm, Brief)

MATERIAL: Telegramme (je 1 pro Lerner)

VORBEREITUNG:

Kopieren Sie das Telegrammformular von S. 60 mehrfach und füllen Sie es mit entsprechenden Texten aus. Hier einige Beispiele:

a) ¡ENHORABUENA! ¡QUE SEÁIS FELICES! SALUDOS JUANA Y ANTONIO.

b) VIAJE CHINA ANULADO. PIERNA ROTA. ESCRIBIRÉ. LUIS.

c) MÁNDAME DINERO. PASAPORTE ROBADO. ÁNGELES.

d) FALLECIMIENTO TÍO FÉLIX. FUNERAL 15.9.14 H. GERARDO.

e) ACCIDENTE. MARIDO INGRESADO HOSPITAL CRUZ ROJA. ROGAMOS ACUDA RÁPIDAMENTE. M. SÁNCHEZ

UNTERRICHTSVERLAUF:

1. Sprechen Sie mit den Lernern über den Gebrauch und das Abfassen von Telegrammen sowie über den Unterschied zwischen telefonischen, schriftlichen und telegrafischen Mitteilungen. Verteilen Sie daraufhin die von Ihnen vorbereiteten Telegramme.

2. Es wird in Zweiergruppen gearbeitet. Jedes Paar überlegt, wer der Absender bzw. Empfänger der beiden Telegramme sein könnte und wählt dann eines der Telegramme aus, um gemeinsam einen Brief an den Empfänger zu schreiben, in dem der Inhalt des Telegramms näher erläutert wird.

3. Daraufhin konstruieren die Zweiergruppen ein Telefongespräch zwischen dem Empfänger und Absender des anderen Telegramms.

4. Sammeln Sie nun die Briefe ein, besprechen und korrigieren Sie die Fehler und reichen Sie die Briefe – zusammen mit den entsprechenden Telegrammen – in der Klasse herum.

5. Daraufhin werden die imaginierten Telefongespräche in Dialogform vorgetragen.

VARIANTEN:

a) Vor dem Verfassen des Briefes und der Ausarbeitung des Telefongesprächs können die Lerner selbst Telegrammtexte entwerfen. Geben Sie eine bestimmte Situation und eine bestimmte Anzahl von Wörtern vor.

b) Ergänzung zu Punkt 4: Die Briefe können von anderen Paaren oder auch von einzelnen beantwortet werden.

EL EXPEDIDOR DEBE RELLENAR ESTE IMPRESO, EXCEPTO LOS RECUADROS EN TINTA ROJA
SE RUEGA ESCRIBA CON LETRAS MAYUSCULAS O CARACTERES DE IMPRENTA

INS. O NUMERO DE MARCACION	S E R I A L	N.º DE ORIGEN	T E L E G R A M A			INDICACIONES TRANSMISION
LINEA PILOTO						
OFICINA DE ORIGEN		PALABRAS	D I A	H O R A	IMPORTE EN PESETAS	

INDICACIONES:

DESTINATARIO: ....

SEÑAS: ....

TELEFONO: .... TELEX: ....

DESTINO: ....

TEXTO: ....

....

....

....

....

....

....

....

....

SEÑAS DEL EXPEDIDOR

NOMBRE: .... TFNO.: ....

DOMICILIO: .... POBLACION: ....

UNE A-5 (148 x 210) T. G. - 1

37

NIVEAU: ✶✶
LERNZIELE: Briefe schreiben und beantworten, diktieren
MATERIAL: ca. 40-60 kleine Zettel

UNTERRICHTSVERLAUF:

1. Geben Sie jedem Lerner 4 bis 6 Zettel.

2. Erläutern Sie, daß nun jedes Gruppenmitglied kleine Briefe an andere Gruppenmitglieder schreiben wird, daß auf jedem Briefchen ein Absender und ein Empfänger stehen muß und daß das Schriftstück sofort übergeben werden soll.

3. Die Lerner beantworten daraufhin die Briefe, die sie erhalten haben, und übergeben sie dem Empfänger.

4. Auch Sie nehmen an der Übung teil.

VARIANTEN:

1. Damit es nicht vorkommt, daß einige Gruppenmitglieder keine Briefe erhalten, kann die Übung folgendermaßen abgeändert werden:
a) Die Lerner schreiben einen Brief, setzen ihre Unterschrift darunter, legen aber den Empfänger nicht fest.
b) Die Briefe werden auf einen Tisch gelegt.
c) Jeder Lerner nimmt einen Brief und beantwortet ihn.
Auf diese Weise bekommt jeder einen Brief und kann ihn beantworten.

2. Eine weitere Variante ist diese:

Erste Unterrichtsstunde:
a) Bitten Sie die Lerner, Ihnen einen Brief zu schreiben und ihn Ihnen persönlich zu übergeben. Geben Sie dafür etwa 10 Minuten Zeit.
b) In der Zwischenzeit schreiben Sie Briefe an drei oder vier Lerner und übergeben sie ebenfalls. Zu Hause beantworten Sie die einzelnen Briefe, die Sie von den Lernern erhalten haben, ohne sie sprachlich zu kommentieren oder zu korrigieren.

Zweite Unterrichtsstunde:
c) Verteilen Sie Ihre Antwortbriefe und fordern Sie die Lerner auf, an irgendjemanden in der Gruppe einen Brief zu schreiben.
d) In der Zwischenzeit schreiben Sie wieder Briefe an einige Lerner, wobei Sie Gruppenmitlieder auswählen können, von denen Sie glauben, daß sie von den anderen keinen Brief erhalten werden.

Durch dieses Vorgehen wird das Lesen und Schreiben von Briefen schrittweise vom Lehrer auf die Lerner übertragen.

3. Eine andere Variante, die an die Dorfschreiber aus alten Zeiten erinnert, ist diese:
a) Die Lerner suchen sich einen Partner.
b) Partner A will einen Brief an ein Gruppenmitglied (Person X) schreiben, er/sie kann aber selbst nicht schreiben und diktiert daher den Brief dem Partner B, der ihn auch der Person X übergibt.
c) Nun möchte X antworten. Er/Sie bedient sich seines/ihres Partners Y, der den Brief schreibt und A übergibt.
d) Da diese Übung sehr anspruchsvoll ist und den Lernern viel mündliche und schriftliche Koordination abverlangt, sollten Sie sie rechtzeitig beenden, um die Teilnehmer nicht zu überfordern.

38

NIVEAU: * *

LERNZIELE: Erstellen von situationsgerechten Dialogen (schriftlich und mündlich)

MATERIAL: Kärtchen; Cassettenrecorder; Musikcassette (flotte Musik); großer Unterrichtsraum, der es den Lernern erlaubt, sich frei zu bewegen, und der die Möglichkeit bietet, eine „Bühne" einzurichten

VORBEREITUNG:

Schreiben Sie auf je ein Kärtchen die Bezeichnung für eine Örtlichkeit, z.B. *hotel, restaurante, casa, calle, estación, tren* etc. Sie benötigen jeweils ein Kärtchen für vier Lerner, wobei es sich empfiehlt, auf jedes Kärtchen ein anderes Wort zu schreiben.
Bilden Sie einen möglichst großen Stuhlkreis, so daß in der Mitte genügend Platz für die „Bühne" vorhanden ist.

UNTERRICHTSVERLAUF:

1. Beginnen Sie mit einer einfachen Lockerungsübung: Sie (und die Lerner) bewegen zuerst nur einen Finger, dann die ganze Hand, dann Hand und Unterarm, dann den ganzen Arm bis zur Schulter, dann den anderen Arm, dann ein Bein, dann das andere Bein etc., bis schließlich der ganze Körper entspannt ist. Wenn sich bei dem einen oder anderen Teilnehmer Widerstand zeigt, fordern Sie ihn mit sanftem Nachdruck zum Mitmachen auf. Diese Vorübung ist nämlich unerläßlich, da sie hilft, Hemmungen abzubauen. Meist bewirkt sie entspannendes und entspanntes Gelächter.

2. Bitten Sie die Lerner, aufzustehen und im Stuhlkreis umherzugehen. Schalten Sie die Musikcassette ein, so daß eine lockere Atmosphäre entsteht. Nach kurzer Zeit stoppen Sie die Musik. Die Lerner bleiben sofort stehen und bilden – entsprechend ihrem Standort – Vierergruppen.

3. Geben Sie jeder Gruppe ein Kärtchen (siehe: Vorbereitung) und erläutern Sie, daß nun jeweils zwei Lerner einer Gruppe einen kleinen Dialog erstellen, dessen Schauplatz der auf dem Kärtchen angegebene Ort ist. Die anderen beiden Lerner werden später diesen Dialog pantomimisch darstellen. Während der Texterstellung können sie ihre Kritik einbringen und protestieren, wenn ihnen bestimmte Details nicht darstellbar erscheinen.
Weisen Sie die Lerner darauf hin, daß sie in dieser Übungsphase unter keinen Umständen mit den anderen Gruppen Informationen austauschen sollen (vgl. Punkt 5).
Gehen Sie umher und helfen Sie, wenn nötig.

4. Als Vorbereitung für Punkt 5 schreiben Sie eine Reihe von Örtlichkeiten an die Tafel, darunter diejenigen, die Sie bereits auf die Kärtchen geschrieben haben, wobei Sie dem Substantiv jeweils die richtige Präposition voranstellen, z.B.: *en el hotel, en el tren, en casa, en la calle, en la estación, en el restaurante* (vgl. Punkt 5a).

5. Bitten Sie nun ein Pantomimen-Paar, in die Mitte zu kommen und den Dialog ohne Worte darzustellen. Im Anschluß daran analysiert der Rest der Klasse die Szene im Hinblick auf folgende Fragen:

a) *¿**Dónde** se desarrolla la escena?*
b) *¿**Quién** habla con **quién**?*
c) *¿De **qué** hablan?*

6. Nachdem die Klasse ihre Hypothesen über die Szene (entsprechend den Fragen unter Punkt 5) aufgestellt hat, lesen die Verfasser des Textes diesen laut vor. Phonetische, grammatikalische und lexikalische Fehler werden korrigiert.

7. Eine Gruppe nach der anderen mimt nun die Szene und trägt den Text vor (vgl. Punkt 5 und 6).

39

NIVEAU: ✶✶

LERNZIELE: kreatives Schreiben – Phantasiedialog erstellen

VORBEREITUNG:

Ordnen Sie die Stühle halbkreisförmig um die Tafel an. Achten Sie darauf, daß kein Gegenstand den Blick zur Tafel verstellt; andernfalls könnten die Lerner an der unter Punkt 2 beschriebenen Aufgabe gehindert werden.

UNTERRICHTSVERLAUF:

1. Bitten Sie die Lerner, auf den Stühlen Platz zu nehmen, und sehen Sie auch für sich selbst einen Stuhl vor.

2. Zeichnen Sie einen Gegenstand an die Tafel oder bitten Sie einen Lerner, etwas Einfaches darzustellen. Fordern Sie dann die anderen auf, weitere Zeichnungen hinzuzufügen. Die Tafel soll voll, aber nicht überfrachtet werden. Etwa zehn Objekte reichen aus. Es ist nicht nötig, daß die gezeichneten Gegenstände in einem erkennbaren Zusammenhang stehen, wenn sich dies auch oft von selbst ergibt. Sie können beispielsweise mit der Zeichnung eines Baumes beginnen. Meist fügen die Lerner eine Person, ein Tier, ein Haus, die Sonne usw. hinzu.

3. Fordern Sie die Lerner auf, sich einen Dialog zwischen zwei der dargestellten Gegenstände oder Personen auszudenken und aufzuschreiben. Dies kann in Einzelarbeit oder in Partnerarbeit durchgeführt werden. Bei dieser Zeichnung könnte das Gespräch zwischen dem Fisch und dem Boot, zwischen dem Haus und der Sonne oder zwischen einem der Kinder und dem Wasser geführt werden. Jeder Lerner bzw. jedes Lernerpaar sollte einen Dialog schreiben.

4. Wenn die Lerner mit ihrer Arbeit beginnen, entfernen Sie sich für kurze Zeit aus dem Stuhl-Halbkreis, damit sich die Lerner nicht unter Druck gesetzt fühlen. Gliedern Sie sich dann zum richtigen Zeitpunkt wieder ein, geben Sie die nötigen Hilfestellungen und nehmen Sie behutsam Fehlerkorrekturen vor.

5. Bitten Sie die Lerner, ihre Dialoge dem Plenum vorzutragen. Sehen Sie genügend Zeit vor, um alle auftretenden Fragen zu beantworten. (Variante: Sie kopieren die Dialoge und hängen sie an die Wand. So können die Lerner die Texte in der Pause in Ruhe durchlesen.)

Wenn Interesse besteht, kann abschließend darüber diskutiert werden, warum sich die einzelnen Lerner für die gewählten Gegenstände entschieden haben.

40

NIVEAU: ✶✶

LERNZIELE: beschreiben, Textproduktion und freies Sprechen; Wortschatz: Wohnen

UNTERRICHTSVERLAUF:

1. Geben Sie jedem Lerner ein Blatt Papier mit der Bitte, die Außenansicht eines Hauses mit möglichst vielen Details (z.B. Kamin, Garten etc.) zu zeichnen. Jeder arbeitet für sich und faltet dann das Blatt in der Mitte, so daß das Haus nicht sichtbar ist.
Die Blätter werden eingesammelt, auf einen Tisch gelegt und gemischt. Jeder Lerner nimmt ein Blatt und öffnet es.

2. Nun beschreiben die Lerner reihum das Haus, das auf ihrem Blatt dargestellt ist. Fordern Sie sie auf, sich verschiedene Details wie z.B. die Einrichtung, die verwendeten Farben und die Lage des Hauses sowie seine Bewohner vorzustellen und sie zu beschreiben.

3. Nun werden alle Zeichnungen zur Ansicht auf den Tisch gelegt. Jeder Lerner wählt ein Haus aus, das ihm besonders gefällt, und schreibt seinen Namen auf die Rückseite des Blattes. Es sollte aber auf jedem Blatt nicht mehr als ein Name stehen.

4. Bitten Sie nun die Lerner, die Häuser jeweils auf 3er-Gruppen (eventuell auch auf ein bis zwei 4er-Gruppen, falls die Teilnehmerzahl nicht durch drei teilbar ist) zu verteilen, und zwar so, daß die Häuser – nach Einschätzung der Lerner – möglichst gut zusammenpassen.

5. Wenn die Häusergruppen gebildet sind, setzen sich die Lerner, deren Namen eine Gruppe bilden, zusammen und denken sich einen 3-Minuten-Sketch aus, der die „nachbarlichen Beziehungen" zwischen den Bewohnern der 3 (oder 4) Häuser zum Thema hat.

6. Abschließend präsentiert jede Gruppe ihren Sketch im Plenum.

41

NIVEAU: ✶✶

LERNZIELE: beschreiben, räumliche Beziehungen erklären; Grammatik: Ortsadverbien und -präpositionen; Wortschatz: Wohnen

MATERIAL: farbiges Zeichenpapier, davon für jede Kleingruppe ein Blatt in Din A 4 - Format, Filzstifte, Scheren

VORBEREITUNG:

Ordnen Sie das Material so, daß jeweils eine Kleingruppe ausreichend selbständig arbeiten kann. Schneiden Sie aus dem farbigen Zeichenpapier Modelle von Möbeln (Tisch, Bett etc.) aus, sofern Sie dies nicht den Lernern überlassen wollen. (vgl. Punkt 1)

UNTERRICHTSVERLAUF:

1. Teilen Sie die Lerner in Kleingruppen (3 bis 4 Teilnehmer) und verteilen Sie die Materialien. Es geht nun darum, entweder ein Zimmermodell zu erstellen, eine Wohnung zu gestalten oder ein ganzes Haus einzurichten.

2. Während die Lerner über die Position der einzelnen Möbel diskutieren, benutzen sie Ortsangaben (*en la esquina, en el centro, a la derecha, cerca de la puerta*) und den erforderlichen Themenwortschatz (*cama, sofá, comedor, baño*). Gehen Sie umher und unterstützen Sie die Lerner dabei, sich möglichst präzise auszudrücken.

3. Wenn die Gruppen ihre Pläne fertiggestellt haben, zeigen sie sich ihre Arbeiten gegenseitig und besprechen sie.

4. Die Übung kann folgendermaßen erweitert werden: Die Lerner sitzen paarweise Rücken an Rücken. Partner A beschreibt sein Schlafzimmer, und Partner B zeichnet dieses nach den Beschreibungen von A auf. Dann werden die Rollen getauscht und abschließend die Zeichnungen überprüft.

VARIANTE:

1. Die Klasse wird in zwei Gruppen geteilt. Jede Gruppe schnippelt Möbel für den Plan eines Zimmers, und zwar in doppelter Ausführung (zwei gleich große Tische, zwei Kühlschränke, zwei Fernseher etc).

2. Nun erhält jede Gruppe ein großes Zeichenblatt (= Zimmerplan), auf das die Hälfte der Möbel (nur einer der beiden Tische, nur einer der beiden Kühlschränke und nur einer der beiden Fernseher etc.) so aufgeklebt wird, daß eine Zimmereinrichtung entsteht.

3. Wenn beide Gruppen ihre Zimmer gestaltet haben, ohne sie den anderen zu zeigen (!), erhält Gruppe A ein weiteres großes Zeichenblatt und die andere Hälfte der ausgeschnittenen Möbel der Gruppe B. Es ist Aufgabe der Gruppe A, sich die Zimmereinrichtung von Gruppe B beschreiben zu lassen und den Plan mit dem erhaltenen Material und nach den zu erfragenden Angaben zu gestalten. Anschließend werden die Pläne verglichen. Schließlich tauschen die Gruppen ihre Rollen.

42

NIVEAU: ✶✶

LERNZIELE: beschreiben, begründen, Fragen stellen und beantworten

VORBEREITUNG:

Kleben Sie ein bis zwei interessante Bilder möglichst auf Karton auf. Die Bildauswahl (z.B. Personen, Landschaften, Häuser, Stadtplan etc.) richtet sich nach dem thematischen Wortschatz, der gezielt geübt werden soll.

UNTERRICHTSVERLAUF:

1. Erklären Sie die Spielregeln genau. Kündigen Sie an, daß Sie zwei Lernern ein Bild geben werden, das die anderen nicht sehen sollen. Die beiden werden je eine Beschreibung des Bildes geben, wobei die eine richtig, die andere frei erfunden ist. Nach Anhörung der beiden Beschreibungen stellt die Klasse Fragen zum Bild, um herauszufinden, welche Beschreibung der Realität entspricht. Alle gestellten Fragen müssen wahrheitsgemäß beantwortet werden.

2. Bestimmen Sie zwei Lerner für die Beschreibungen oder bitten Sie um freiwillige Meldungen. (Achten Sie darauf, daß das Bild nicht durchscheinend ist, falls Sie es nicht auf einen Karton geklebt haben.)

3. Lassen Sie die beiden Personen in Ruhe vereinbaren, wer eine realistische und wer eine imaginäre Beschreibung geben will. Die Vorbereitung dieser Beschreibungen kann gegebenenfalls auch als Hausaufgabe vorgesehen werden.

4. Die beiden Lerner tragen sodann ihre Beschreibungen vor und werden daraufhin von der Klasse interviewt.

Wenn jemand die richtige Beschreibung erkannt zu haben glaubt, muß er seine Annahme begründen. Antworten wie: *Pues, no sé por qué...* sind nicht zulässig.

5. Zeigen Sie dann das Bild und sprechen Sie mit der Klasse darüber.

Wenn Interesse besteht, können Sie zwei andere Lerner auswählen (bzw. sich spontan melden lassen) und die Übung mit einem anderen Bild wiederholen.

43

NIVEAU: ✶✶

LERNZIELE: beschreiben; Wortschatz: Geografie; Grammatik: Ortsangaben, *hay – está/n*

MATERIAL: Kopien der Insel auf Seite 68 (eine Kopie je Lerner), Farbstifte

UNTERRICHTSVERLAUF:

1. Stellen Sie den Wortschatz bereit, der für die Beschreibung einer Landkarte benötigt wird, und schreiben Sie die Wörter an die Tafel (*ciudad, río, sierra, lago, calle, zona industrial, parque,* etc.).

2. Bilden Sie Paare, und geben Sie jedem Paar eine Kopie mit den Umrissen der Insel. Die Partner verständigen sich darüber, wie sie die Insel gestalten wollen, und benutzen dabei das unter Punkt 1 erarbeitete Vokabular. Motivieren Sie die Lerner, die Städte, die Flüsse, die Gebirge etc. zu benennen, möglichst viele Details anzugeben und festzulegen, ob es sich um einen ganzen Staat oder um ein kleines Eiland mitten im Ozean handelt. Gehen Sie umher, lassen Sie sich von den Paaren die Zeichnungen erläutern und helfen Sie, wenn es nötig ist.

3. Geben Sie nun jedem Paar eine neue leere Kopie und bitten Sie die Paare, sich jeweils einem anderen Paar gegenüber zu setzen.

Nun läßt sich jeweils ein Paar die Insel vom anderen Paar beschreiben und fertigt die Zeichnung nach den erhaltenen Angaben an. Die Beschreibungen sollen möglichst präzise sein und können beispielsweise so lauten:

En el norte hay un río que va de A2 a D3 cruzando B2 y C3.

Oder es kann gesagt werden:

Hay una zona industrial al sur de la capital que está en el centro de D2.

Erst wenn alle Informationen in die Zeichnung eingebracht worden sind, werden „Original“ und „Kopie“ verglichen und die Unterschiede kommentiert.

Dehnen Sie das Gespräch nicht zu lange aus: es könnte sich Langeweile einstellen. Schliessen Sie die Übung mit einer Diskussion im Plenum ab.

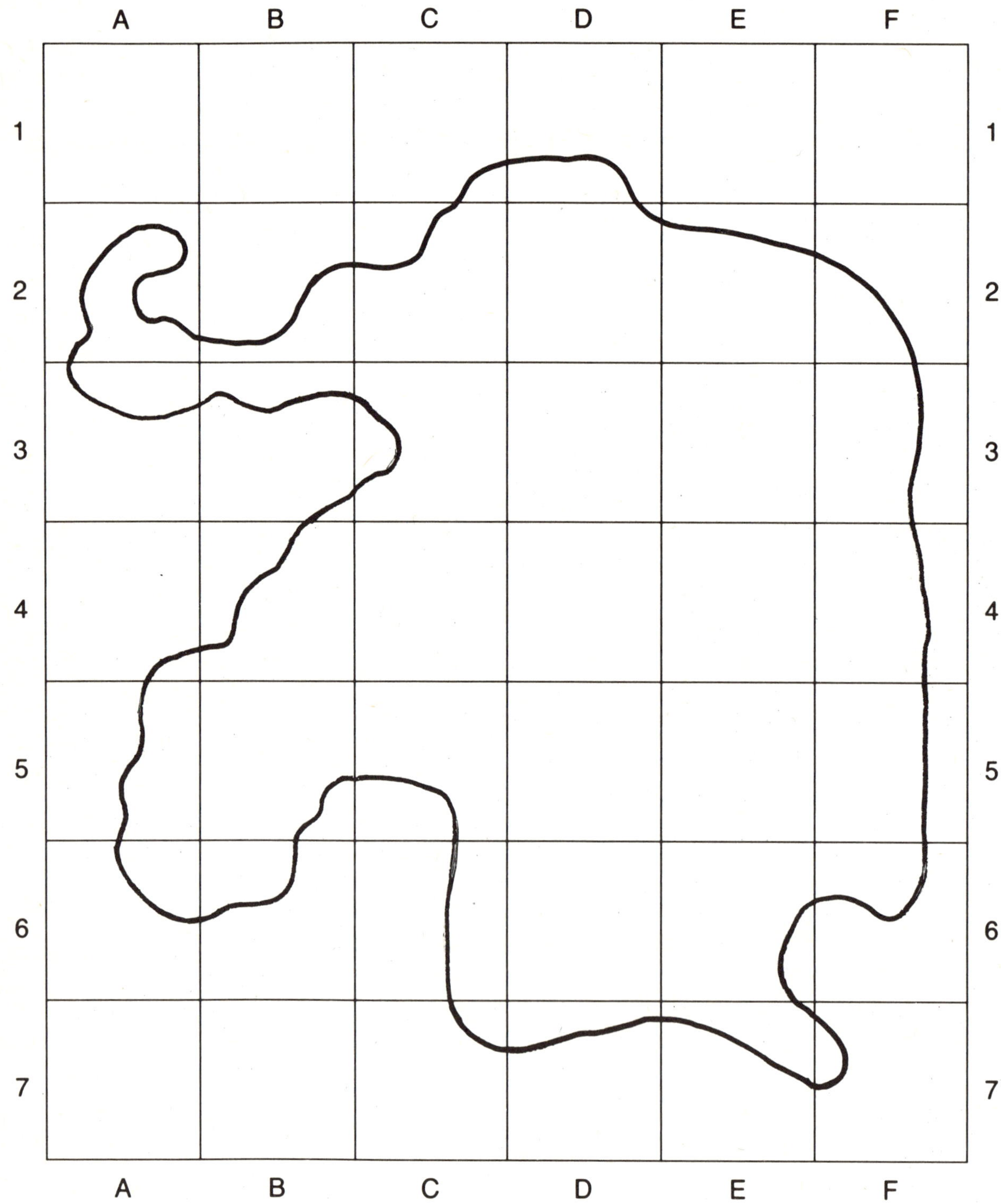
A
B
C
D
E
F
1
2
3
4
5
6
7

44

NIVEAU: ✶✶

LERNZIELE: Informationen erfragen, Anweisungen geben, Ortsangaben machen; Grammatik: Ortsadverbien und -präpositionen

MATERIAL: große Anzahl Abbildungen von Gegenständen; großer Unterrichtsraum, in dem sich die Lerner frei bewegen können

UNTERRICHTSVERLAUF:

1. Bilden Sie Zweiergruppen und geben Sie jedem Paar mehrere Abbildungen. Achten Sie darauf, daß die Lerner die spanischen Bezeichnungen für diese Gegenstände kennen.

2. Partner A versteckt – während Partner B die Augen schließt – die Bilder im Raum und notiert sich, wo er sie versteckt hat.

3. Dann kommen alle Lerner wieder an ihre Plätze zurück, und Sie erläutern nun den weiteren Verlauf der Übung: die Partner B suchen die Bilder, wobei sie jeweils von ihrem Partner A geführt werden. Dieser gibt Anweisungen, ohne jedoch das Versteck direkt zu nennen.
Wahrscheinlich empfiehlt es sich, den Ablauf an einem Beispiel deutlich zu machen. Ein Gespräch könnte etwa so verlaufen:

A: La foto de las velas está detrás de las cortinas.
B: ¿Esas del fondo a la derecha?
A: No, a la derecha no.
B: Entonces tiene que estar detrás de las cortinas de la ventana del centro. (Geht hin und findet das Foto.) *Aquí está – ¿Y ahora? ¿Cuál es la próxima foto?*
A: *Ahora buscamos un pez. Puedes encontrarlo en el suelo.*
B: ¿A la derecha o a la izquierda?
Etc.

4. Während die Lerner A Hinweise geben, begleiten sie ihre Partner, die die gefundenen Bilder einsammeln.

Es empfiehlt sich, ein Zeitlimit zu setzen: 5 Minuten sind meist ausreichend.

Sobald das Suchen beginnt, entsteht wahrscheinlich beachtliches Stimmengewirr und eine gewisse Unruhe. Das kann sehr förderlich sein, da die Lerner in dieser Situation ihre Hemmungen leichter abbauen können und andererseits dazu gezwungen werden, genau zuzuhören und sich deutlich auszudrücken.

Während dieser Übungsphase gehen Sie umher, greifen unterstützend ein und achten darauf, daß die Übung nicht außer Kontrolle gerät.

45

NIVEAU: ✶✶

LERNZIELE: Sätze bilden, Wortschatzarbeit

MATERIAL: Kärtchen entsprechend der Anzahl der Lerner

VORBEREITUNG:

Wählen Sie eine Reihe von Wörtern aus, die Sie mit Ihrer Klasse wiederholen möchten. Achten Sie bei der Auswahl darauf, daß die Lerner in der Lage sind, mit diesen Wörtern Sätze zu bilden. Schreiben Sie je eines dieser Wörter auf die Kärtchen.

UNTERRICHTSVERLAUF:

1. Verteilen Sie die Kärtchen. Vergewissern Sie sich, daß die Lerner ihr Wort auch verstanden haben, und fordern Sie sie dann auf, mit ihrem Wort einen Satz zu bilden.

2. Bitten Sie einen Lerner, sein Wort zu sagen. Die anderen sollen nun versuchen, dieses Wort mit dem ihren in einem Satz zu verbinden. Beispielsweise sagt A das Wort: *noche*, B hat: *a menudo* und bildet den Satz: *Trabajo a menudo por la noche*. C hat hingegen das Wort: *sábado* und formuliert den Satz: *¿Qué haces el sábado por la noche?*

3. Teilen Sie die Lerner in Dreier- oder Vierergruppen ein. Schlagen Sie jeder Gruppe vor, ihre Wörter in möglichst vielen Sätzen zu kombinieren. Dabei ist es zulässig, kleine Veränderungen an den Wörtern vorzunehmen. Beispielsweise können Singularformen in den Plural und Infinitive in die konjugierte Verbform verwandelt werden. Wenn eine Gruppe etwa die Wörter: *campo, pequeño* und *hacer* zu verwenden hat, können die formulierten Sätze beispielsweise folgendermaßen lauten:

¿Por qué no hacemos una pequeña excursión al campo?
Si mañana hace buen tiempo, vamos a ver a mi abuela que vive en el campo, en un pueblo pequeño.
He hecho un viaje al campo y he visitado Torrevieja, una ciudad pequeña pero muy bonita.

Je mehr Kombinationen die Lerner finden und je erfindungsreicher sie arbeiten, umso motivierender ist der Übungsablauf.

4. Die Lerner versammeln sich nun wieder im Plenum. Schlagen Sie den einzelnen Gruppen vor, jeweils einen Gruppensprecher zu wählen, der die besten Sätze der Gruppe vorliest.

Anschließend regen Sie an, gemeinsam eine Geschichte zu schreiben, in der alle Wörter vorkommen. Diskutieren Sie ausführlich mit den Lernern, welche Art von Geschichte entstehen soll. Wenn das Grundkonzept feststeht, lassen Sie die Lerner die Endfassung erstellen. Schreiben Sie Satz für Satz an die Tafel und geben Sie den Lernern Zeit mitzuschreiben, wenn sie es möchten.

46

NIVEAU: ✶✶
LERNZIELE: selektives Hören, Notizen machen
MATERIAL: Lesetext (1-2 Seiten)

VORBEREITUNG:

Wählen Sie einen geeigneten Lesetext (evtl. Lehrbuchtext) und entnehmen Sie diesem einen langen Satz, der von zentraler Bedeutung ist. (Der gewählte Satz soll nicht am Anfang des Textes stehen).

UNTERRICHTSVERLAUF:

1. Teilen Sie den Lernern mit, daß Sie nun einen Satz vorlesen werden, ohne zu sagen, wo er steht, und daß Sie ihn nur einmal vorlesen werden. Es wird dann Aufgabe der Lerner sein, so viele Wörter und Satzfetzen aufzuschreiben, wie sie erinnern können.

2. Lesen Sie nun den Satz vor und fordern Sie die Lerner auf, diesen Satz – in Einzelarbeit – zu rekonstruieren. Wenn die Lerner die Aufgabe zu schwer finden, lesen Sie den Satz ein zweites Mal vor.

Sobald der Prozeß ins Stocken gerät, lassen Sie die Arbeit in Paaren fortsetzen.

3. Nach einigen Minuten bitten Sie die Lerner, umherzugehen und einen anderen Partner aufzusuchen und zu befragen. Wenn der richtige Wortlaut beinahe gefunden ist und bevor die Lerner sich zu langweilen beginnen, fordern Sie sie auf, sich zu setzen und ihre Schreibmaterialien beiseite zu legen.

4. Lesen Sie den Text vor (oder spielen Sie ihn von der Cassette), so als ob es sich um eine vollkommen neue Übung handeln würde. Plötzlich werden die Lerner merken, daß der Satz, mit dem sie sich beschäftigt haben, aus dieser Geschichte stammt. Wenn der Text zu Ende ist, lassen Sie die Lerner nochmals gemeinsam (bei großen Klassen in zwei Gruppen) den Satz zusammenfügen.

5. Diskutieren Sie abschließend mit den Lernern über die Geschichte und darüber, wie sie diese Übung empfunden haben. Was war für sie am spannendsten? Waren sie beim Aufzeichnen von Notizen versucht, alles Wort für Wort aufzuschreiben? Oder konzentrierten sie sich gleich auf das Wesentliche? Was waren die wichtigsten Punkte?

47

NIVEAU: * *

LERNZIELE: Fragen zu einem Text stellen und beantworten

MATERIAL: 2 Cassettenaufnahmen einer Nachrichtensendung, 2 Cassettenrecorder, 2 Unterrichtsräume, wenn möglich;
(Variante: 1 Cassettenaufnahme einer Nachrichtensendung, 1 Cassettenrecorder, 1 Textvorlage der Nachrichtensendung, 2 Unterrichtsräume, wenn möglich)

VORBEREITUNG:

Überspielen Sie eine interessante, nicht allzu lange Nachrichtensendung auf Cassette. Fertigen Sie davon eine Kopie an, so daß Sie über zwei Cassetten verfügen,

oder (für Variante)

überspielen Sie eine Nachrichtensendung auf Cassette und transkribieren Sie den Text.

UNTERRICHTSVERLAUF:

1. Teilen Sie die Klasse in zwei Gruppen. Wenn möglich, arbeiten die Gruppen in getrennten Räumen. Geben Sie jeder Gruppe einen Cassettenrecorder und eine Cassette und fordern Sie sie auf, die Sendung anzuhören und für die andere Gruppe Fragen zum Inhalt des Gehörten zu formulieren. Setzen Sie ein Zeitlimit. Helfen Sie den Gruppen, wenn es nötig ist, aber greifen Sie möglichst wenig ein.

2. Die beiden Gruppen kommen wieder zusammen und stellen sich gegenseitig ihre Fragen. In jeder Gruppe wird ein/e „Sekretär/in" bestimmt, der/die die gemeinsam gefundenen Antworten notiert. Es empfiehlt sich, daß die Gruppen die Fragen und Antworten im Wechsel vornehmen, da auf diese Weise die Antworten gleichzeitig in beiden Gruppen besprochen werden können. Diese simultane Arbeitsweise ist sehr effizient und leicht durchzuführen. Achten Sie jedoch darauf, daß sich die Lerner beim Stellen der Fragen abwechseln und lassen Sie es nicht zu, daß ein oder zwei Teilnehmer die anderen nicht zu Wort kommen lassen.

3. Spielen Sie schließlich den Text noch einmal im Plenum vor, damit alle prüfen können, ob sämtliche Antworten richtig sind. Achten Sie dabei sehr genau darauf, ob nicht die eine oder andere Ungenauigkeit übersehen worden ist.

VARIANTE zu Punkt 1 und 2:

1. Die Klasse arbeitet in zwei Gruppen und, nach Möglichkeit, in getrennten Räumen.

Gruppe A erhält den Nachrichtentext in schriftlicher Form und hat die Aufgabe, Fragen zum Inhalt zu formulieren. Dafür wird ein Zeitlimit gesetzt.

Gruppe B erhält Cassette und Cassettenrecorder und hört während dieser Zeit den Text gegebenenfalls mehrmals.

2. Die beiden Gruppen kommen wieder zusammen. Gruppe B beantwortet die von Gruppe A gestellten Fragen.

Anmerkung:
Anstelle von Nachrichtensendungen können auch Lehrbuchtexte verwendet werden, von denen eine Cassettenversion vorliegt. In diesem Fall kann die Übung eventuell bereits im Anfängerunterricht eingesetzt werden.

48

NIVEAU: ✶✶

LERNZIELE: Notizen machen, einen Text zusammenfassen

MATERIAL: kurzer Dialog auf Cassette (z.B. Lehrbuchdialog), Cassettenrecorder

UNTERRICHTSVERLAUF:

1. Erläutern Sie den Inhalt des Cassettentextes in ein bis zwei Sätzen und spielen Sie ihn dann einmal vor. Vermeiden Sie es, irgendwelche Details zu erzählen.

2. Sagen Sie den Lernern, daß Sie den Text nochmals vorspielen werden und daß es nun darum geht, während des Anhörens Notizen zu machen. Geben Sie den Lernern Zeit, ihr Schreibmaterial zur Hand zu nehmen, und spielen Sie dann den Text ohne Unterbrechung vor und ohne Fragen zuzulassen.

3. In Dreier- oder Vierergruppen vergleichen die Lerner anschließend ihre Notizen und einigen sich über die wichtigsten Punkte des Textes. Nun wählt jede Kleingruppe eine/n „Sekretär/in", der/die eine gemeinsam erarbeitete Zusammenfassung des Textes schriftlich festhält. Geben Sie Hilfestellung, wenn nötig, und achten Sie darauf, daß die Interaktion auf spanisch erfolgt.

4. Jede Gruppe liest dann ihren Text vor. Die anderen hören aufmerksam zu und rufen STOP, wenn sie einen inhaltlichen oder sprachlichen Fehler bemerken, der dann auch gleich korrigiert wird.

In der Zwischenzeit schreiben Sie (möglichst unauffällig) grammatikalisch oder inhaltlich fehlerhafte Sätze an die Tafel, die den Lernern entgangen sind.
Wenn alle Zusammenfassungen vorgelesen sind, lenken Sie die Aufmerksamkeit der Lerner auf die Tafel und lassen die Fehler – möglichst ohne Ihre Hilfe – korrigieren. Abschließend spielen Sie den Text noch einmal vor.

49

NIVEAU: ✶✶

LERNZIELE: Ratschläge erteilen; Wortschatz: Gesundheit; Grammatik: Konditional

MATERIAL: kleine Kärtchen (möglichst zweifarbig) oder Kopie von Seite 75 (möglichst auf Karton aufgeklebt)

VORBEREITUNG:

Schreiben Sie die „Beschwerden" und die „Ratschläge" von Seite 75 einzeln auf die Kärtchen, wobei es sich empfiehlt, für die „Beschwerden" eine Farbe und für die „Ratschläge" eine andere zu benutzen.

Alternative:
Kopieren Sie Seite 75, kleben Sie die Kopie auf einen leichten Karton und schneiden Sie die einzelnen Elemente aus.

UNTERRICHTSVERLAUF:

1. Schreiben Sie ein Beispiel an die Tafel und geben Sie die wichtigsten Redemittel an, mit denen Ratschläge erteilt werden können, z.B.
Usted tendría que...
Según mi opinión usted debería...
Le aconsejo... (+ Infinitiv)
¿Por qué no...?
Si fuera tú...
Yo en tu lugar...
A mi parecer deberías...

Wenn beispielsweise die Beschwerde lautet: *Me duelen las muelas,* können folgende Ratschläge gegeben werden:
Deberías ir al dentista.
¿Por qué no tomas una aspirina?
Yo en tu lugar comería menos dulces.

Bitten Sie 5 Lerner, an die Tafel zu kommen, und geben Sie ihnen je eine Beschwerden-Karte. Verteilen Sie die verbleibenden Karten unter den anderen Teilnehmern.

3. Fragen Sie die Lerner an der Tafel, einen nach dem andern: *¿Qué le pasa?* oder *¿Qué le duele?* Eine/r wird sagen: *Me duele la cabeza.* Nun benutzt die Klasse ihre Kärtchen, um Ratschläge zu erteilen wie z.B.
Váyase a dar un paseo.
Tendría que comer algo.
¿Por qué no se acuesta?

Die Lerner an der Tafel können entscheiden, ob sie den Rat annehmen oder zurückweisen: *Buena idea. Me parece un buen consejo.*

4. Wenn sich die Klasse gut kennt und entsprechendes Vertrauen unter den Teilnehmern herrscht, können persönliche Probleme aufgeworfen werden. Dabei geht es darum, das Problem einfühlsam zu behandeln, einige Lösungsvorschläge zu machen und sie sprachlich adäquat zu formulieren. Um diese Phase in Gang zu setzen, beginnen Sie am besten, indem Sie selbst ein Problem in die Diskussion werfen.

Wie immer die Gespräche laufen, zwingen Sie die Lerner nicht, persönliche Dinge zu erörtern, wenn nicht absolute Bereitschaft dazu besteht.

¿Qué le pasa?

Dolores de cabeza
tomar una aspirina
ir al médico
irse a la cama
dar un paseo
beber menos alcohol
reposar
comer algo
Resfriado
ir a comprar algo a la farmacia
dejar de fumar
tomar una aspirina
beber leche caliente
tomar una taza de té
irse a la cama ahora mismo
tomar un baño caliente
Dolor de espalda
estirarse
consultar a un especialista
ir al masajista

hacer un poco de gimnasia
ir al fisioterapeuta
evitar levantar peso
ir a la piscina
Sobrepeso
comer menos
no comer tantos dulces
ponerse a régimen
moverse más
practicar algún deporte
renunciar a los pasteles
Depresión nerviosa
coger vacaciones
irse a un balneario
ir al psicólogo
trabajar menos
divertirse más
resolver los conflictos con los demás
cambiar su estilo de vida
ayunar una semana

50

NIVEAU: ✶✶

LERNZIELE: Informationen erfragen und erteilen; Grammatik: Verwandtschaftsnamen, Possessivum

MATERIAL: Kopie von S. 77 (je ein Kärtchen pro Teilnehmer). Der Unterrichtsraum soll so groß sein, daß sich die Lerner frei bewegen können. (Eventuell: Fotoapparat)

VORBEREITUNG:

Kopieren Sie die Informationen über die Familie López (S. 77), schneiden Sie die einzelnen „Identitätskarten" aus und kleben Sie sie auf Kärtchen. Die Übung ist in dieser Form für 12 Lerner angelegt, Sie können aber die Anzahl der Kärtchen verringern oder erhöhen, wenn Sie die Zusammensetzung der Familie verändern. Achten Sie aber darauf, daß die Angaben auf den Kärtchen entsprechend angepaßt werden.

UNTERRICHTSVERLAUF:

1. Laden Sie die Lerner dazu ein, sich vorzustellen, daß sie zur Familie López gehören. Die einzelnen Familienmitglieder haben sich so lange nicht mehr gesehen, daß sie sich auf den ersten Blick nicht einmal erkennen können. Heute gibt es aber einen besonderen Anlaß, zu dem sich alle eingefunden haben.

2. Schmücken Sie das Szenario weiter aus und sagen Sie, daß ein Familienfoto gemacht werden soll, vorher aber festgestellt werden muß, wer wer ist.

3. Geben Sie nun jedem Lerner eine „Identitätskarte" und betonen Sie, daß diese den anderen nicht gezeigt werden darf. Erläutern Sie, daß die einzelnen Familienmitglieder sich dadurch gegenseitig erkennen, daß sie Informationen austauschen. Beispielsweise kann sich Paco an einen anderen Lerner richten und das Gespräch so beginnen:

Hola. Soy Paco. Soy jugador de fútbol ¿Y tú, no serás por casualidad aficionado a las mariposas? Sabes, estoy buscando a mi hermano y él las colecciona.

4. Fordern Sie die Lerner auf, aufzustehen und umherzugehen. Sie sollen sich – wie auf einer Cocktailparty – zu zweit oder zu dritt unterhalten. Sie als Lehrer wenden sich den einzelnen Gruppen zu, geben Hilfestellung, greifen korrigierend ein und machen sich eventuell Notizen über sprachliche Probleme, die Sie vielleicht nachher behandeln möchten.

5. Wenn das Beziehungsnetz der Familie geklärt ist, fordern Sie die Lerner auf, sich für das Familienfoto aufzustellen. Dabei soll sich jeder und jede kurz vorstellen. Wenn Sie einen Fotoapparat zur Verfügung haben, können Sie tatsächlich ein Foto der Gruppe machen.

6. Als zusätzliche Aufgabe könnten die Lerner aufgefordert werden, ihre Lebensgeschichte als jeweiliges Mitglied der Familie López schriftlich (1 Seite) darzulegen. Diese Arbeit kann sowohl in der Klasse als auch als Hausaufgabe gemacht werden.

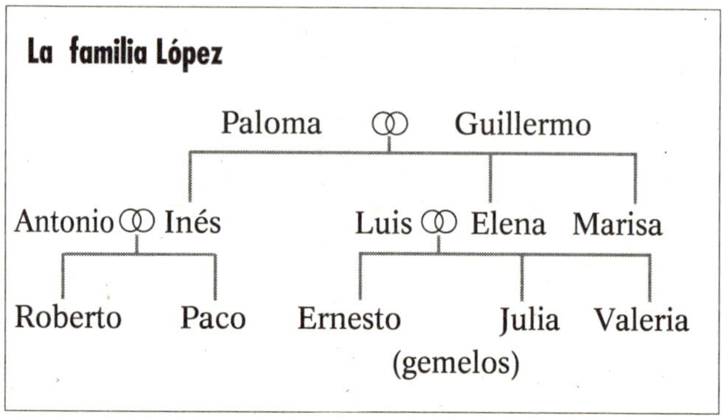

TARJETA DE IDENTIDAD

Marisa
1. Trabajas en una librería
2. Estás divorciada
3. Una de tus sobrinas estudia en la Academia de Arte

Paco
1. Tu hermano tiene una colección de mariposas
2. Juegas al fútbol
3. Tu padre juega al golf

Valeria
1. Tu padre es marinero
2. Tu tía tiene una valiosa colección de obras de arte
3. Tu hermano y tu hermana son gemelos

Elena
1. Estás casada con un marinero
2. Tu padre es un hombre de negocios
3. Tienes tres hijos

Roberto
1. Tocas la trompeta
2. Tu prima es enfermera
3. Coleccionas mariposas

Ernesto
1. Trabajas en un banco
2. Tu hermana es enfermera
3. Tu abuelo es un hombre de negocios

Antonio
1. Eres un hombre de negocios
2. Eres jugador de golf
3. Tienes dos hijos

Luis
1. Tu suegra es profesora
2. Tu hijo trabaja en un banco
3. Uno de tus sobrinos es un deportista muy bueno

Julia
1. Tu hermana estudia Bellas Artes
2. Tu abuela es profesora
3. Eres enfermera

Paloma López
1. Eres profesora
2. Tu nieto vive en París
3. Tu hija menor está divorciada y no tiene hijos

Guillermo López
1. Tienes tres hijos
2. Tu hija mayor tiene dos hijos
3. Su marido es un hombre de negocios

Inés
1. Tienes dos hermanas menores
2. Tienes dos sobrinas y un sobrino
3. Tu padre es un hombre de negocios

51

NIVEAU: ✶✶

LERNZIELE: Scherzfragen und Antworten kombinieren

MATERIAL: kleine Kärtchen

VORBEREITUNG:

1. Wählen Sie einige Scherzfragen (je eine pro Lerner) aus, die dem Lernniveau der Klasse entsprechen.

2. Fertigen Sie Kärtchen nach den angegebenen Modellen an (vgl. S. 79). Wie die Beispiele zeigen, befindet sich die Antwort auf die Frage von Kärtchen A auf Kärtchen B, während sich die Antwort von Kärtchen A auf die Frage von Kärtchen C bezieht. Auf diese Weise muß jeder Lerner zur Komplettierung seines Kärtchens zwei andere Lerner konsultieren.

UNTERRICHTSVERLAUF:

1. Erklären Sie den Lernern, daß sie die fehlenden Fragen und Antworten finden sollen. (Es ist nicht nötig zu sagen, daß es sich um Rätsel handelt. Lassen Sie es einfach zum Aha-Effekt kommen!) Vergewissern Sie sich, daß deutlich geworden ist, daß es sich pro Kärtchen um *zwei verschiedene* Fragen und Antworten handelt.

2. Verteilen Sie die Kärtchen und fordern Sie die Lerner auf umherzugehen, ihre Fragen und Antworten laut vor sich herzusagen und die Entsprechungen zu finden. Wenn sie sie gefunden haben, tragen sie die richtige Antwort zu ihrer Frage und die richtige Frage zu ihrer Antwort auf dem Kärtchen ein.
Halten Sie sich im Hintergrund, seien Sie aber bereit, bei Verständnisschwierigkeiten zu helfen.

3. Wenn alle ihre Kärtchen vervollständigt haben, werden diese beiseite gelegt und die Rätsel noch einmal frei vorgetragen. Wer sie noch nicht kennt, darf raten!

Hier eine Liste von Rätseln:

¿Qué va de Amsterdam a Barcelona sin moverse? La autopista.
¿Dónde viene jueves antes de miércoles? En el diccionario.
¿Qué es aquello que cuando más se saca, más grande se hace? El agujero.
Tiene dientes y no puede morder. ¿Qué es? El peine.
Corre mucho y no tiene pies. ¿Qué cosa es? El agua.
Oye sin orejas, habla sin boca y contesta en todos los idiomas. ¿Qué cosa es? El eco.
Oro parece, plata no es. ¿Qué cosa es? El platano.
Tiene ojos y no ve. ¿Qué es? La patata.
¿Qué es algo y nada a la vez? El pez.
¿Qué juicio es el más injusto? El prejuicio.
Se puede perder fácilmente, aunque siempre se lleva encima. ¿Qué cosa es? La cabeza.

A

P:	¿Qué va de Amsterdam a Barcelona sin moverse?
R:	
P:	
R:	El agujero.

B

P:	¿Dónde viene jueves antes de miércoles?
R:	
P:	
R:	La autopista.

C

P:	¿Qué es aquello que cuando más se saca, más grande se hace?
R:	
P:	
R:	En el diccionario.

P:	
R:	
P:	
R:	

52

NIVEAU: ✶✶ bis ✶✶✶
LERNZIELE: Personen beschreiben und identifizieren
MATERIAL: Portraits aus Zeitschriften; Zeichenpapier

VORBEREITUNG:

Interessante Portraits aus Zeitschriften ausschneiden (Teilnehmerzahl + 7). Einige davon sollten einander sehr ähnlich sein und sich nur in Details unterscheiden.

Kleben Sie zwei ganzseitige Portraits auf je ein großes Blatt Zeichenpapier, so daß Vokabular rund um die Bilder herum geschrieben werden kann. Heften Sie eines der aufgeklebten Bilder gut sichtbar an die Wand.

UNTERRICHTSVERLAUF:

VARIANTE 1 (mit schriftlichen Antworten):

1. Lenken Sie die Aufmerksamkeit auf das Bild an der Wand, so daß eine Diskussion darüber entsteht. Lassen Sie vorerst die Lerner den ihnen bekannten Wortschatz verwenden, und schreiben Sie das eingebrachte Beschreibungsvokabular rund um das Bild. Erst wenn die sprachlichen Möglichkeiten der Lerner erschöpft sind, helfen Sie mit zusätzlichen Wörtern aus.

Gegebenenfalls können Sie entsprechenden Themenwortschatz (Alter, Aussehen, Haarfarbe, Teile des Gesichtes etc.) einführen. Schreiben Sie auch diese neuen Wörter auf, vermeiden Sie es aber, die Übung zu einer Vokabelsammlung entarten zu lassen. Führen Sie nur Wörter ein, von denen Sie glauben, daß sie tatsächlich wiederverwendet werden.

2. Heften Sie nun das zweite Portrait an die Wand und gehen Sie analog vor.

3. Erklären Sie dann den Lernern, daß sie nun das Portrait einer Person erhalten, die unter dem Verdacht steht, eine kleine Straftat wie Ladendiebstahl begangen zu haben. Die Lerner waren nämlich Zeugen des Vorfalls und sollen nun eine genaue Beschreibung der Person geben, die sie bei der Tat beobachtet haben.

Nun verteilen Sie die Bilder mit dem Hinweis, sie den anderen nicht zu zeigen. Daraufhin nimmt jeder Lerner ein Extrablatt und beschreibt sein Bild.

4. Wenn alle Teilnehmer ihre Beschreibung abgeschlossen haben, sammeln Sie die Bilder und die Blätter ein. Mischen Sie nun die beschriebenen Blätter und verteilen Sie sie erneut. So erhält jeder Teilnehmer den Text eines anderen und liest diesen vor. Dabei stellt er/sie sich vor, wie die beschriebene Person wohl aussehen mag.

5. Während die Lerner ihre Beschreibungen vorlesen, mischen Sie die 5 zusätzlichen Portraits unter die Bilder. Breiten Sie nun alle auf dem Tisch aus oder heften Sie sie an die Wand oder an die Tafel.

Nun versuchen die Lerner herauszufinden, welches Bild der von ihnen vorgelesenen Beschreibung entspricht. Wenn sie glauben, die richtige Lösung gefunden zu haben, können sie sich das vom Verfasser des Textes bestätigen lassen.

6. Wenn Sie noch einen Schritt weiter gehen wollen, können Sie die Lerner fragen, aufgrund welcher Details sie das Bild erkannt haben.

VARIANTE 2 (ohne schriftliche Antworten):

1. und 2. wie *Variante 1*

3. Verteilen Sie an die Hälfte der Klasse – die Zeugen der Straftat – je ein Bild. Die anderen sind die Detektive. Jeder Zeuge arbeitet mit einem Detektiv zusammen, dem er/sie eine mündliche Beschreibung des Täters liefert. (Natürlich darf das Bild dem Detektiv nicht gezeigt werden.) Die Detektive können sich Notizen machen.

Nun werden die Bilder eingesammelt, gemischt und ausgelegt oder angeheftet (vgl. Punkt 5 von *Variante 1*), und die Detektive müssen die Verdächtigen aufgrund der erhaltenen Beschreibungen identifizieren.

VARIANTE 3 (nur 2 Portraits nötig):

1. und 2. wie *Variante 1*

3. Jeder Teilnehmer fertigt eine Beschreibung eines anderen Teilnehmers an. Die Blätter werden (ohne Namen) an die verschiedenen freien Wände der Klasse geheftet.

4. Die Lerner gehen umher, lesen die Texte und schreiben den Namen der Person darunter, von der sie glauben, daß sie mit dieser Beschreibung gemeint ist.

5. Wenn alle ihre Vermutungen angestellt haben, teilen die Verfasser der Texte mit, wer die beschriebenen Personen tatsächlich sind.

Anmerkung zu *Variante 3:*
Es empfiehlt sich, die Beschreibung auf äußere Merkmale zu beschränken, die Übung mit Behutsamkeit zu steuern und nur in Gruppen einzusetzen, in denen ein gewisses gegenseitiges Vertrauen vorhanden ist.

53

NIVEAU: ✶✶ bis ✶✶✶✶

LERNZIELE: freies Sprechen und Schreiben; Erfahrungsaustausch zum Thema „Telefonieren“

VORBEREITUNG:

Kopieren Sie die Liste der Fragen auf Seite 83.

UNTERRICHTSVERLAUF:

1. Zeichnen Sie ein großes Telefon an die Tafel. Fragen Sie die Lerner, welche Erfahrungen sie mit dem Telefon haben, und versuchen Sie herauszufinden, ob sich mehrheitlich positive, negative oder gemischte Gefühle bei diesem Thema einstellen.

2. Teilen Sie die Klasse in Zweiergruppen. Verteilen Sie die Kopien mit den Fragen. Geben Sie den Lernern etwa 20 Minuten Zeit, um diese Fragen mit dem Partner zu besprechen. Machen Sie deutlich, daß die Übung Anlaß zum freien Sprechen bieten soll und daß es daher darum geht, möglichst viel zu diesem Thema zu sagen und zu hinterfragen. Gehen Sie umher und helfen Sie nur, wenn Ihre Hilfe angefordert wird.

3. Schließlich schlagen Sie vor, einen kleinen Text zu einem der folgenden Themen zu schreiben:
Una llamada telefónica inolvidable.
El teléfono: ¿un mal imprescindible?
Un viejo teléfono cuenta...

Die Länge des Textes und die Frage, ob er in der Unterrichtsstunde oder zu Hause geschrieben werden soll, hängt von der verfügbaren Zeit sowie vom Lernniveau der Klasse ab.

Discutan las preguntas siguientes

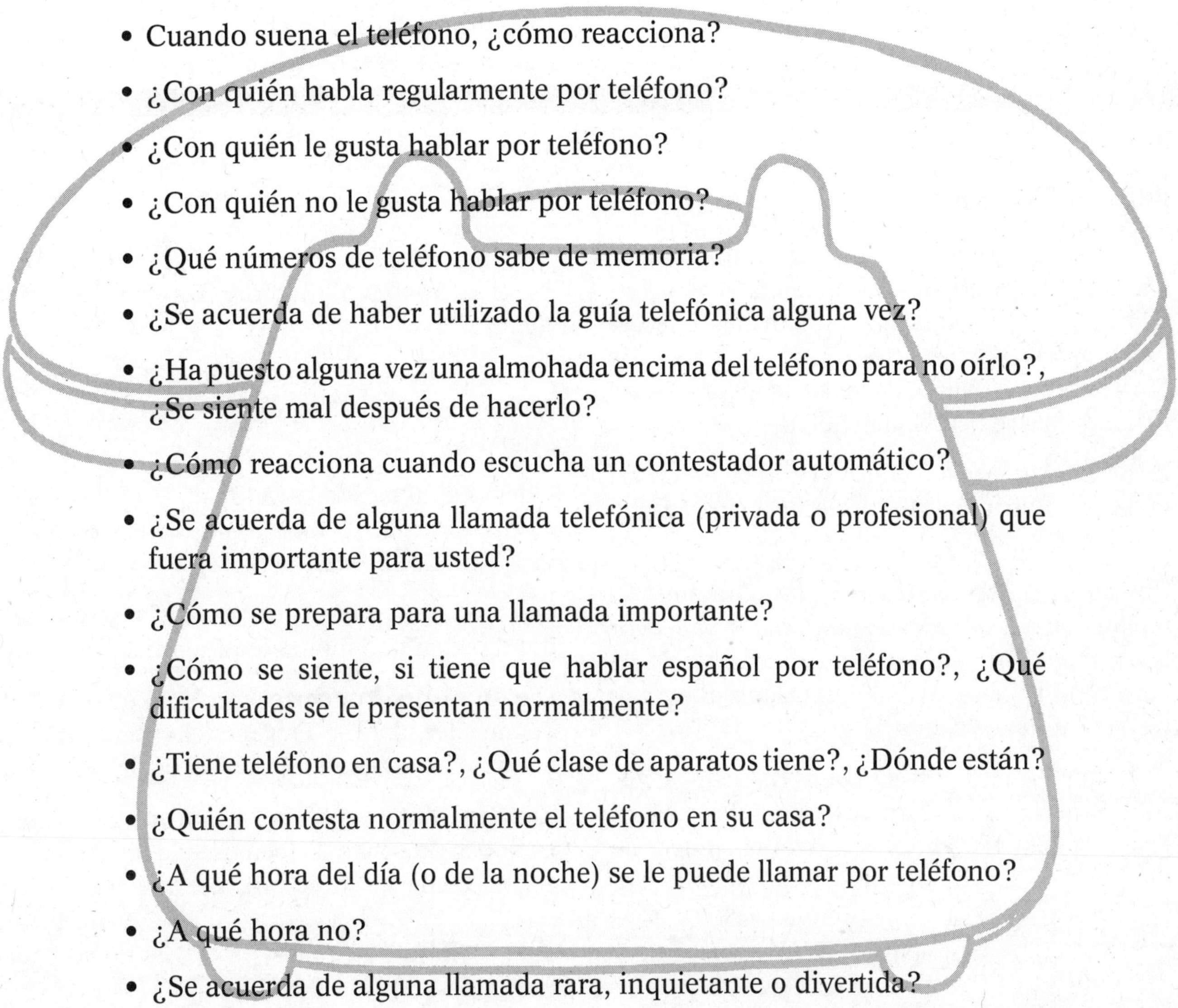

- Cuando suena el teléfono, ¿cómo reacciona?
- ¿Con quién habla regularmente por teléfono?
- ¿Con quién le gusta hablar por teléfono?
- ¿Con quién no le gusta hablar por teléfono?
- ¿Qué números de teléfono sabe de memoria?
- ¿Se acuerda de haber utilizado la guía telefónica alguna vez?
- ¿Ha puesto alguna vez una almohada encima del teléfono para no oírlo?, ¿Se siente mal después de hacerlo?
- ¿Cómo reacciona cuando escucha un contestador automático?
- ¿Se acuerda de alguna llamada telefónica (privada o profesional) que fuera importante para usted?
- ¿Cómo se prepara para una llamada importante?
- ¿Cómo se siente, si tiene que hablar español por teléfono?, ¿Qué dificultades se le presentan normalmente?
- ¿Tiene teléfono en casa?, ¿Qué clase de aparatos tiene?, ¿Dónde están?
- ¿Quién contesta normalmente el teléfono en su casa?
- ¿A qué hora del día (o de la noche) se le puede llamar por teléfono?
- ¿A qué hora no?
- ¿Se acuerda de alguna llamada rara, inquietante o divertida?

54

NIVEAU: ✶✶ bis ✶✶✶✶

LERNZIELE: Grammatikarbeit (nach Wahl der Lerner) und situationsgerechtes Sprechen

UNTERRICHTSVERLAUF:

1. Bitten Sie die Lerner, je ein Grammatikproblem, das ihnen Schwierigkeiten bereitet, auf einen Zettel zu schreiben. Sammeln Sie dann die Zettel ein und wählen Sie eines der Phänomene aus, das Sie – gegebenenfalls in der nächsten Stunde – auf folgende Weise bearbeiten möchten:

2. Bitten Sie einen Teilnehmer, den Raum zu verlassen und möglichst viele beliebige Fragen beliebigen Inhalts vorzubereiten.

Inzwischen besprechen Sie das Grammatikphänomen mit der Klasse. Fördern Sie dabei vor allem den Informationsaustauch unter den Lernern, und bringen Sie sich nur dann aktiv ein, wenn es nötig erscheint.

3. Bitten Sie den abwesenden Teilnehmer zurückzukommen, und fordern Sie ihn auf, seine Fragen zu stellen. Die anderen antworten, indem sie die behandelte Grammatikstruktur verwenden. Beispielsweise könnte eine Frage lauten: *¿Qué haces el domingo?* und die Antwort: *No lo sé todavía.*

Die nächste Frage könnte sein: *¿Qué te parece esta lección?* und die Antwort: *Me parece muy interesante.*

Oder es könnte gefragt werden: *¿Ha llamado tu madre?* und die Antwort könnte lauten: *No, pero la voy a llamar esta noche.*

Offensichtlich geht es hier um die Verwendung des direkten und indirekten Pronomens.

Die Antworten können echt oder fiktiv sein. Der Teilnehmer, der die Fragen stellt, muß erraten, um welches Grammatikproblem es sich handelt.

Ziel der Übung ist es, eine Reihe von Kontexten zu finden, in denen die betreffende Struktur eine angemessene Verwendung findet.

55

NIVEAU: ✶✶ bis ✶✶✶✶

LERNZIELE: Satzbau

UNTERRICHTSVERLAUF:

1. Erklären Sie den Lernern, daß sie „Bäume" kreieren werden, die aus Sätzen gebildet sind. Und da es leichter ist, von oben nach unten zu lesen als umgekehrt, werden diese Bäume auf dem Kopf stehen! Zeichnen Sie folgende Grafik an die Tafel:

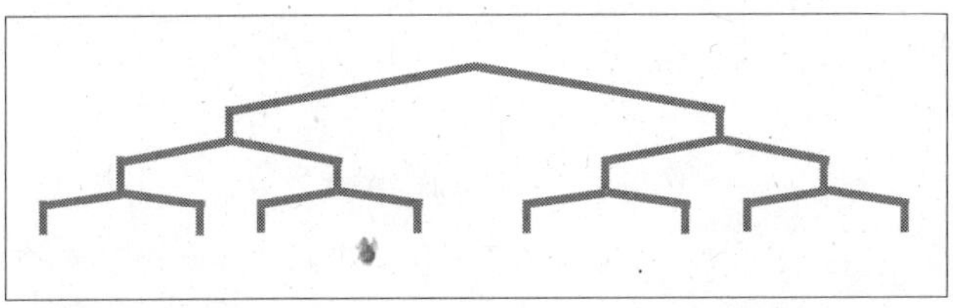

Erläutern Sie nun, daß an jeder Verzweigung ein Wort stehen wird, so daß bei 8 Verzweigungen letztlich 8 Sätze entstehen, die alle mit demselben Wort beginnen; je 4 Sätze werden auch das zweite Wort gemeinsam haben und je 2 Sätze das dritte. Die Länge der Sätze kann und soll unterschiedlich sein.

2. Teilen Sie die Klasse in zwei Gruppen (A und B). Die Gruppen arbeiten abwechselnd an der Tafel und entsenden jeweils einen Vertreter.

3. Ein Mitglied der Gruppe A schreibt an den oberen Rand der Tafel (in die Mitte zwischen dem linken und rechten Rand) ein Wort und setzt zwei „Zweige" darunter.

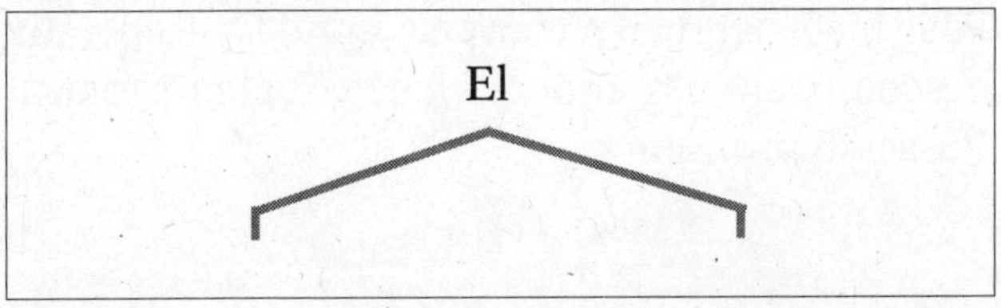

Dabei soll er/sie mindestens zwei Sätze im Sinn haben, die mit diesem Wort beginnen könnten.

4. Nun geht ein Mitglied der Gruppe B an die Tafel, fügt zwei Wörter hinzu, zeichnet vier neue „Zweige" daran und liest die beiden Satzanfänge vor, die er/sie gebildet hat.

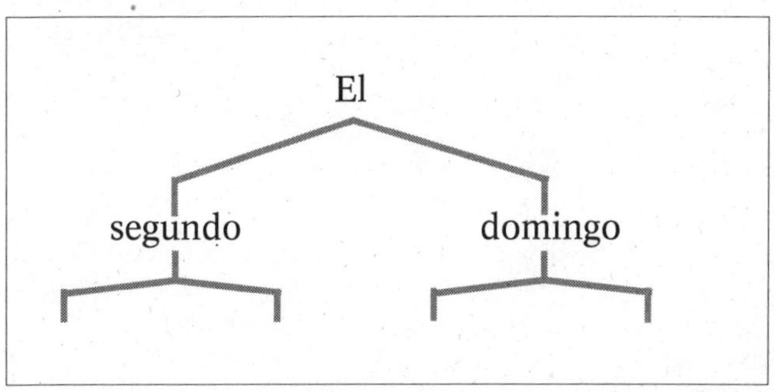

5. Nun ist wieder Gruppe A an der Reihe. Sobald acht „Zweige" erreicht sind, wächst der Baum nur mehr gerade nach unten, d.h. es wird jeweils ein neues Wort an die bestehenden Zweige angehängt. Das Gruppenmitglied, das die neuen Wörter anfügt, muß jeweils die entstandenen Satzanfänge laut vorlesen.

6. Jede Gruppe überwacht die Arbeit der anderen. Wenn der Verdacht aufkommt, daß fehlerhafte oder sinnwidrige Sätze entstehen, muß die verantwortliche Gruppe Rechenschaft ablegen und sagen, welchen Satz sie im Sinn hatte, als sie das neue Wort anfügte.

7. Wenn das Spiel Wettbewerbscharakter bekommen soll, können Strafpunkte für fehlerhafte Sätze und Pluspunkte für die richtige Verwendung bestimmter Wörter oder Strukturen vergeben werden.

Ein fertiger „Baum" mit 8 „Zweigen" könnte beispielsweise so aussehen:

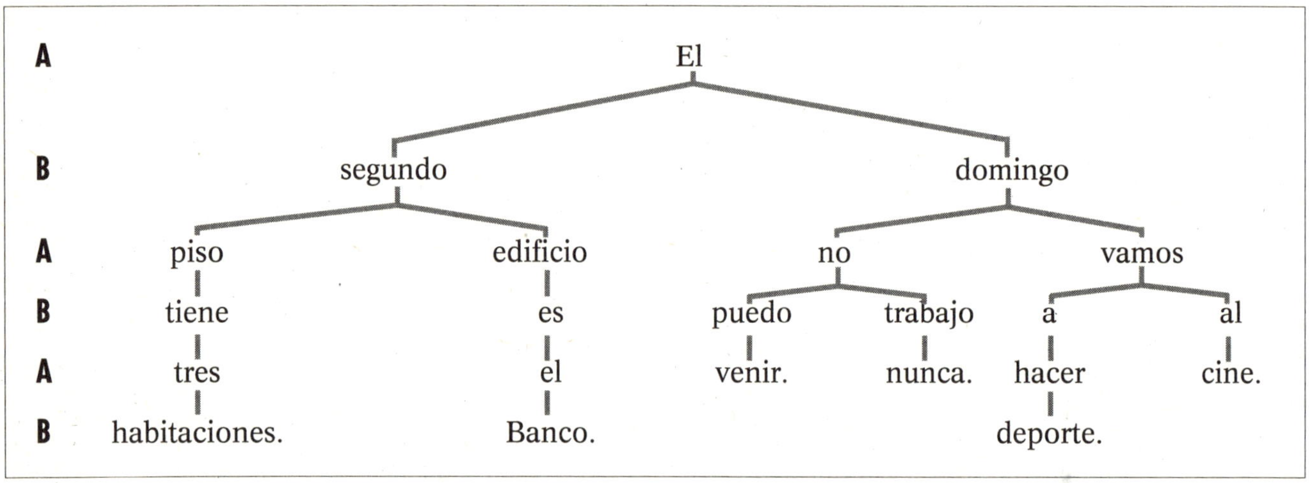

VARIANTEN:

1. Die Anzahl der Zweige sollte bei niedrigerem Lernniveau auf 4 beschränkt werden. Andererseits sollte selbst bei sehr fortgeschrittenen Gruppen, die in der Lage sind, syntaktisch anspruchsvollere Sätze zu bilden, über 8 Zweige nicht hinausgegangen werden, da der Prozeß sonst leicht außer Kontrolle gerät.

2. Gegebenenfalls können für die ersten Wörter bestimmte Vorgaben gemacht werden. Beispielsweise muß mit einem Fragewort, einem direkten oder indirekten Pronomen, einem Modalverb etc. begonnen werden.

Auch kann die Verwendung eines bestimmten Wortes oder einer bestimmten Struktur innerhalb des Satzes verlangt werden, um die Schwierigkeit zu erhöhen.

3. Bei kleineren Gruppen ist die Bildung von zwei Teams nicht sinnvoll. Es empfiehlt sich vielmehr, eine/n „Sekretär/in“ zu bestellen, der/die die Wörter auf Zuruf aus der Klasse an die Tafel schreibt.

4. Sobald die Regeln dieses Spiels bekannt sind, kann die Übung auch paarweise gemacht werden. Dabei werden Pluspunkte an das Paar vergeben, das die kürzesten, die längsten oder die komplexesten Sätze gebildet hat.

Das Arbeiten zu zweit erlaubt es außerdem, ein gezieltes Üben bestimmter Strukturen nach individuellen Bedürfnissen auszurichten: Das eine Paar mag sich beispielsweise mit dem Imperativ beschäftigen, das andere vielleicht eher mit dem Possessivpronomen.

56

NIVEAU: ✶✶ bis ✶✶✶✶

LERNZIELE: Hörverstehen und Nacherzählen

MATERIAL: möglichst Cassettenrecorder und eine leere Cassette (vgl. auch Variante); eine Geschichte (z.B. Lehrbuchtext) in Kopien

VORBEREITUNG:

1. Wählen Sie eine Geschichte aus, die kein unbekanntes Vokabular enthält. Besonders geeignet sind Texte mit spannender Handlung, aber auch Kochrezepte, Briefe, Auszüge aus Rundfunknachrichten etc.

● 2. Zeigen Sie einem Lerner, wie man den Cassettenrecorder bedient und bestellen Sie ihn/sie zum „Medieningenieur".

3. Stellen Sie den Recorder auf „Aufnahme" und „Pause" ein.

UNTERRICHTSVERLAUF:

1. Erläutern Sie die Übung: Alle – außer Lerner A und dem Medieningenieur – verlassen den Raum. (Sie werden später einzeln wieder hereingerufen, um eine Geschichte zu hören, die sie nacherzählen werden.)

2. Sobald nur noch Lerner A und der Medieningenieur im Raum sind, lesen Sie die Geschichte zweimal vor. Eine der beiden Versionen wird auf Cassette aufgenommen.

● 3. Nun kommt Lerner B herein und läßt sich von Lerner A die Geschichte (einmal) erzählen. Der Medieningenieur nimmt diese Erzählung auf Cassette auf.

4. Nun verläßt A den Raum und C kommt herein, um sich von B seine Version der Geschichte erzählen zu lassen. Die Übung wird fortgesetzt, bis der letzte Lerner an der Reihe war.

5. Anschließend versammelt sich die Klasse im Plenum und hört sich alle Versionen der Geschichte an. Dabei soll insbesondere auf Auslassungen und Abweichungen geachtet werden, die jeder Lerner für sich notiert. Daraufhin werden diese in Zweiergruppen, in Kleingruppen oder im Plenum besprochen. Nach einigen Minuten verteilen Sie die Kopien des Originaltextes.

6. Zum Abschluß bietet sich eine Diskussion darüber an, warum einige Details ausgelassen und andere hinzugefügt wurden.

VARIANTE:

Wenn die Klasse mehr als 12 Teilnehmer hat, wählen Sie etwa 6 als „Akteure" aus. Die anderen nehmen als „Beobachter" teil.

Wenn Sie keinen Cassettenrecorder zur Verfügung haben, bietet sich ebenfalls diese Variante an: die Abweichungen werden von den „Beobachtern" notiert und anschließend (vgl. Punkt 5) besprochen.

57

NIVEAU: ✶✶ bis ✶✶✶✶

LERNZIELE: kursorisches Lesen, Hörverstehen, Gehörtes identifizieren

MATERIAL: Cassettenaufnahme eines Lesetextes, Kopien des Textes, Cassettenrecorder mit Zählwerk

VORBEREITUNG:

Wählen Sie einen interessanten Lesetext (evtl. aus dem Lehrbuch) von maximal 25 Zeilen aus, numerieren Sie die Zeilen (1,5,10, etc.) und fertigen Sie Kopien an.

UNTERRICHTSVERLAUF:

1. Verteilen Sie die Kopien an die Lerner und geben Sie ihnen etwa zwei Minuten Zeit, um den Text zu überfliegen. Vermeiden Sie es, den Text gründlich durchzuarbeiten, denn in dieser Übungsphase geht es um kursorisches Lesen.

2. Legen Sie die Cassette ein, spulen Sie sie bis zu einem beliebigen Punkt vor (Zählwerk beachten!) und spielen Sie dann eine Passage von etwa 2 Zeilen Länge vor.

Fragen Sie nun die Lerner, welche Zeilen sie gehört haben. Dabei können die Lerner entweder den Textteil vorlesen oder aber nur die Zahl der Zeile angeben, auf die sich das Gehörte bezieht. Wenn nötig, spielen Sie die Passage ein zweites Mal vor.

3. Wiederholen Sie nun den in Punkt 2 beschriebenen Vorgang durch Vor- und Zurückspulen der Cassette. Vergessen Sie dabei nicht, das Zählwerk immer im Auge zu behalten.

Nach und nach können Sie die Textpassagen verkürzen und schließlich jeweils nur noch wenige Wörter vorspielen. Beenden Sie die Übung, bevor das Interesse der Lerner nachläßt.

4. Zum Abschluß spielen Sie den gesamten Text vor.

Anmerkung:
Dieser Übung gelingt es, den langweiligsten Text lebendig zu machen! Den Lernern macht es Spaß, aufmerksam zuzuhören, um das Gehörte im geschriebenen Wort wiederzuerkennen und sich so einen Text spielerisch zu erarbeiten.

58

NIVEAU: ✶✶ bis ✶✶✶✶

LERNZIELE: Vervollständigung eines Textes; gezielt ausgewählte Grammatik- oder Wortschatzarbeit

MATERIAL: Tipp-Ex; Kopien der bearbeiteten Textversion sowie des Originaltextes (s. S. 90 f)

VORBEREITUNG:

Kopieren Sie die Textvorlage auf Seite 91 oder wählen Sie selbst einen geeigneten Text aus. Im letzteren Fall bearbeiten Sie das Material wie folgt:

1. Löschen Sie mit Tipp-Ex diejenigen Wörter, auf die Sie die Aufmerksamkeit der Lerner lenken wollen. Dabei kann es sich entweder um Lexis aus einem bestimmten Themenbereich handeln oder aber um bestimmte Grammatikphänomene. Wenn Sie zum Beispiel den richtigen Gebrauch der Verbformen üben wollen, löschen Sie eine entsprechende Anzahl von Verben.

Ein und dasselbe Wort darf nur einmal gelöscht werden. Es empfiehlt sich, die Lücken im Text zu numerieren.

2. Unter dem Text stellen Sie eine alphabetisch geordnete Liste der gelöschten Wörter zusammen, wobei diese jeweils nur in einer möglichst neutralen Form (Substantive im Singular, Adjektive in der männlichen Form, Verben im Infinitiv) angegeben werden.

3. Kopieren Sie die bearbeitete Textversion mit der Wortliste sowie gegebenenfalls auch den Originaltext.

UNTERRICHTSVERLAUF:

1. Verteilen Sie die bearbeitete Textversion. Erklären Sie den Lernern, daß sie die angeführten Wörter sinngemäß in die Textlücken einfügen sollen und daß jedes Wort nur einmal vorkommt. Weisen Sie auch darauf hin, daß die angegebenen Grundformen entsprechend den Erfordernissen des Textes abgewandelt werden müssen. Es kann individuell, in Paaren oder in Kleingruppen gearbeitet werden. Die Benutzung des Wörterbuchs ist erlaubt, ja sogar erwünscht.

2. Anschließend einigt sich das Plenum auf eine gemeinsame Textfassung. Zum Abschluß können Kopien des Originaltextes verteilt werden, um die Ergebnisse zu überprüfen.

Anmerkung:

Diese Übung bietet den Vorteil, daß sie auch bei inhomogenen Klassen sinnvoll eingesetzt werden kann: Fortgeschrittenere Lerner erhalten eine Textversion mit mehr oder anderen (= schwierigeren) Lücken als die weniger fortgeschrittenen Kursteilnehmer. Dennoch wird gemeinsam auf ein und dasselbe Ziel, d.h. die Rekonstruktion des Originaltextes, hingearbeitet.

La difícil tarea de pagar en España

En la mayor parte de España, el "café de media mañana", un rato de pausa en el trabajo, suele tomarse con los compañeros de trabajo. Lo normal es que cada día pague un compañero distinto.
Pero cuando se toma algo con alguien al que no se ve habitualmente, suele pasar que todo el mundo quiera pagar y, entonces, se inicia una larga "negociación" para ver quién consigue pagar lo de todos. En este tipo de situaciones se llega, incluso, a hablar con el camarero para que no acepte que otros paguen, para que le cobre a uno en lugar de a otro, etc.
Otra cosa es cuando se va a tomar tapas ("ir de tapas" es casi un deporte en algunas regiones españolas, consiste en tomar pequeñas raciones de comida, de muy diversos tipos: albóndigas, pimientos, calamares, jamón, marisco, canapés, etc., acompañadas siempre de vino o cerveza), o cuando se va "de copas", entonces una persona suele pagar la consumición de todos en un lugar y, luego, ya en otro sitio, otra persona lo paga todo y así sucesivamente. Generalmente la persona que todavía no ha pagado es la que propone ir a otro bar.
En algunos lugares de España o entre grupos de amigos que así lo han decidido, se suele pagar "a escote", es decir, se divide el precio total entre las personas que han tomado algo, sin considerar si una ha comido o bebido más que otras.
Cuando alguien celebra algo, es el único momento en que se acepta que invite a los demás, sin más comentarios.
Hay una excepción a todas estas reglas: es cuando se compra lotería o cupones de la ONCE. Ningún español acepta ser invitado y todos pagan religiosamente su parte antes del sorteo.

(Quelle: Intercambio 2, Lehrbuch S. 159, Difusión – Klett 1991)

La difícil tarea de pagar en España

En la mayor parte de España, el "café de media mañana", un rato de pausa en el trabajo, suele tomarse con los (1)_______ de trabajo. Lo normal es que cada (2) _______ pague un compañero distinto.

Pero cuando se toma algo con alguien al que no se ve habitualmente, suele pasar que todo el mundo quiera (3) _______ y, entonces, se inicia una larga "negociación" para ver quién consigue pagar lo de todos. En este tipo de (4) _______ se llega, incluso, a hablar con el (5) _______ para que no acepte que otros paguen, para que le cobre a uno en lugar de a otro, etc.

Otra cosa es cuando se va a (6) _______ tapas ("ir de tapas" es casi un deporte en algunas (7) _______ españolas, consiste en tomar pequeñas (8) _______ de comida, de muy diversos tipos: albóndigas, pimientos, calamares, (9) _______, marisco, canapés, etc., acompañadas siempre de vino o cerveza), o cuando se va "de copas", entonces una persona suele pagar la (10) _______ de todos en un lugar y, luego, ya en otro (11) _______, otra persona lo paga todo y así (12) _______. Generalmente la persona que todavía no ha pagado es la que propone ir a otro bar.

En algunos lugares de España o entre (13) _______ de amigos que así lo han decidido, se suele pagar "a escote", es decir, se divide el (14) _______ total entre las personas que han tomado algo, sin considerar si una ha comido o (15) _______ más que otras.

Cuando alguien celebra algo, es el único (16) _______ en que se acepta que invite a los demás, sin más comentarios.

Hay una (17) _______ a todas estas reglas: es cuando se (18) _______ lotería o cupones de la ONCE. Ningún español acepta ser invitado y todos pagan religiosamente su parte antes del sorteo.

(Quelle: Intercambio 2, Difusión-Klett 1991)

Fehlende Wörter (angegeben im Singular und Infinitiv)

beber	excepción	ración
camarero	grupo	región
compañero	jamón	sitio
comprar	momento	situación
consumición	pagar	sucesivamente
día	precio	tomar

59

NIVEAU: ✶✶ bis ✶✶✶✶

LERNZIELE: Vokabelwiederholung (nach individueller Wahl der Lerner); freie Textproduktion

MATERIAL: 12 bis 15 Bilder oder Fotos mit einprägsamen visuellen Elementen; Haftstreifen o. ä. zum Befestigen der Fotos an den Wänden; großer Unterrichtsraum, der es den Lernern erlaubt, sich frei zu bewegen

VORBEREITUNG:

Befestigen Sie die Bilder an den Wänden des Unterrichtsraums.

UNTERRICHTSVERLAUF:

1. Bitten Sie die Lerner, mindestens 6 Wörter aufzulisten, die sie sich nur schwer merken können, oder solche, die sie erst kürzlich gelernt haben. Diese kleine Erinnerungsübung kann auch als Hausaufgabe vergeben werden.

2. Fordern Sie die Lerner auf, umherzugehen und sich insgeheim ein Bild auszuwählen, mit dem sie arbeiten wollen. (Es spielt keine Rolle, wenn ein und dasselbe Bild von mehreren Personen gewählt wird.)

3. Nun geht es darum, eine Geschichte zu diesem Bild zu schreiben und dabei mindestens 5 der aufgelisteten Wörter zu verwenden. Diese Wörter werden unterstrichen. In der Zwischenzeit gehen Sie umher, helfen, wo es nötig ist, und machen gegebenenfalls Verbesserungsvorschläge.

4. Bitten Sie die Lerner, Kleingruppen zu bilden, sich gegenseitig die Texte vorzulesen und die Bilder zu erraten, auf die sie sich beziehen.

5. Wenn alle Gruppen damit fertig sind, bitten Sie die Lerner, ihre Namen unter die Texte zu schreiben, sie neben den betreffenden Bildern an der Wand zu befestigen und dann umherzugehen und über Texte und Bilder zu sprechen.

Regen Sie an, daß die Lerner vereinbaren, sich in der nächsten Unterrichtsstunde gegenseitig abzufragen, um zu überprüfen, ob sie sich die jeweiligen Wörter gemerkt haben.

60

NIVEAU: ✶✶ bis ✶✶✶✶

LERNZIELE: kreatives Schreiben – freie Textproduktion

MATERIAL: Reproduktionen berühmter Gemälde (möglichst Postkartengröße) und kleine Kärtchen (je 1 pro Lerner)

VORBEREITUNG:

Wählen Sie einige Reproduktionen von nicht allzu modernen Gemälden aus. Schreiben Sie auf jedes Kärtchen ein Wort, das einen modernen Gegenstand bezeichnet, z.B. *televisor, máquina de escribir, lavadora, helicóptero* etc.

UNTERRICHTSVERLAUF:

1. Geben Sie jedem Lerner ein Bild und ein Kärtchen. Es geht nun darum, eine Geschichte zu schreiben, die die beiden Elemente in irgendeiner Weise verbindet. Wenn Sie wollen, können Sie ein Beispiel vorgeben, aber wahrscheinlich ist dies nicht erforderlich.
Gehen Sie umher und helfen Sie, wenn es nötig ist. Korrigieren Sie aber nur sehr behutsam und unterbrechen Sie keinesfalls den Gedankengang beim Schreiben. Achten Sie auch darauf, daß der Stil des Lerners durch Ihre Korrekturen nicht verkrampft wird.

2. Wenn alle ihre Geschichte beendet haben, präsentieren die Lerner reihum ihr Bild, teilen das Wort mit und tragen ihre Geschichte vor.

Hier zwei Beispiele für eine Geschichte:

Bild: Frans Hals, *„Malle Babbe“*

Wort: *máquina de escribir*

En este cuadro veo una señora. Tiene un vaso de cerveza en la mano y una lechuza en el hombro. Sonríe y mira a su alrededor. Busca una máquina de escribir, porque quiere mandar una carta a su marido para decirle que se siente muy feliz.

Bild: P.S.Krøyer, *„To fruer på stranden“*

Wort: *helicóptero*

Aquí hay dos señoras elegantes que dan un paseo en la playa. ¿Quién sabe lo que se cuentan? Dentro de poco llegará un helicóptero para llevarlas a su casa de campo.

61

NIVEAU: ✶✶ bis ✶✶✶✶

LERNZIELE: Wortschatzarbeit und Textproduktion

VORBEREITUNG:

Korrektur der Lernertexte (für die zweite Unterrichtsstunde)

UNTERRICHTSVERLAUF:

Erste Unterrichtsstunde:

1. Lassen Sie sich von der Klasse 6 spanische Wörter diktieren und schreiben Sie diese an die Tafel, z.B. *sol, piel, mujer, madre, oficina, perro.*

2. Teilen Sie die Klasse in 6 Gruppen und teilen Sie jeder Gruppe ein Wort zu. Es ist nun Aufgabe der Gruppe, zu dem betreffenden Wort möglichst spontan weitere Wörter zu assoziieren. Geben Sie den Lernern dafür 5 Minuten Zeit. Daraufhin schreibt jeweils ein als „Sekretär/in" bestelltes Gruppenmitglied die Ergebnisse an die Tafel. Dieser Tafelanschrieb könnte beispielsweise so aussehen:

SOL luna, estrella, verano, calor, astronomía, mancha solar	**PIEL** bolso, zapato, tierno, suave, delicado, alergia
MUJER hombre, animal, discriminación, feminismo, guapa, sensible	**MADRE** padre, hijos, familia, embarazo, maternidad bebé
OFICINA trabajo, teléfono máquina de escribir, ordenador, compañeros	**PERRO** gato, ratón, morder, ladrar, pastor

3. Bitten Sie nun die Lerner, alle 6 Wortgruppen abzuschreiben. Stellen Sie sicher, daß jeder Lerner die Bedeutung sämtlicher Wörter kennt. Es geht nun darum, in Gruppenarbeit eine kleine Geschichte zu schreiben, in der *mindestens ein* Wort aus *jeder* Wortgruppe vorkommt.

4. Sammeln Sie die Geschichten ein und korrigieren Sie sie zu Hause.

Zweite Unterrichtsstunde:

5. In der nächsten Stunde bitten Sie die Lerner, sich wieder in den alten Gruppen zusammenzufinden. Geben Sie nun jeder Gruppe ihren – von Ihnen korrigierten – Text, der von einem/r Sprecher/in vorgelesen wird. Der Rest der Klasse hört aufmerksam zu und überprüft, ob die entsprechenden Wörter darin vorkommen.

VARIANTE:
Diese Aufgabe kann auch als Hausarbeit vergeben werden, wobei es reizvoll sein kann, für die Texte, die die größte Anzahl der vorgegebenen Wörter enthalten, Pluspunkte zu vergeben bzw. kleine Preise auszusetzen.

62

NIVEAU: ✶✶ bis ✶✶✶✶

LERNZIELE: Wortschatzarbeit und Textproduktion

MATERIAL: mehrere große Blätter Papier (möglichst Flip-chart); dicker Filzstift; Reißnägel, Hafties oder Tesafilm zum Befestigen

VORBEREITUNG:

Denken Sie sich ein Diskussionsthema aus; hier einige Beispiele zur Anregung:
- *¿Qué hay que hacer para salvar la tierra?*
- *La sociedad del futuro*
- *¿Cómo vivir la "tercera edad"?*
- *La mujer en el mundo de hoy*
- *El hambre en el tercer mundo – causas y remedios*

UNTERRICHTSVERLAUF:

1. Sagen Sie den Lernern, daß Sie ein Diskussionsthema an das Flip-chart schreiben werden und daß sie, sobald sie das Thema gelesen haben, laut sagen sollen, welche Wörter und Wendungen ihnen dazu einfallen.

2. Schreiben Sie nun das Thema an das Flip-chart und notieren Sie alle Wörter, Satzfetzen, bildlichen Ausdrücke etc., die Ihnen die Lerner zurufen. Greifen Sie helfend ein, wenn Lerner nach neuem Vokabular suchen oder erst flüchtig Gelerntes wieder ins Gedächtnis rufen möchten.

Der Übungsablauf kann hin und wieder ins Stokken geraten: zeigen Sie Geduld, versuchen Sie aber dennoch, den Prozeß auf möglichst unauffällige Weise wieder anzukurbeln.

3. Wenn keine neuen Assoziationen mehr produziert werden, bitten Sie die Lerner, die Wörter am Flip-chart durchzulesen und zu überlegen, wie sie gruppiert werden könnten. Es empfiehlt sich, jede Gruppe mit einem Buchstaben oder Symbol zu kennzeichnen. Wahrscheinlich wird eine Reihe von Wörtern übrigbleiben, die sich in keine Gruppe eingliedern läßt. Beim Thema *La mujer en el mundo de hoy* könnten beispielsweise u.a. folgende Gruppen und Wörter zusammengestellt werden:

A	secretaria, beca, trabajo de jornada completa, etc.
B	casa, hijos, cocina, etc.
C	discriminación, feminista, ley etc.

Schreiben Sie die Wörter je einer Gruppe auf ein großes Blatt Papier und befestigen Sie die Blätter an den Wänden des Unterrichtsraums.

4. Nun sucht sich jeder Lerner diejenige Wortgruppe aus, die ihm/ihr am meisten zusagt, und bildet daraufhin eine Kleingruppe mit den Kursteilnehmern, die dieselbe Wahl getroffen haben. Es geht jetzt darum, in Gruppenarbeit einen Text zu erstellen, der alle Wörter der entsprechenden Gruppe enthält. Geben Sie Hilfestellung, wo es nötig ist.

5. Ein Sprecher jeder Gruppe trägt sodann den Text im Plenum vor. Anschließend wird er besprochen, kritisiert und gegebenenfalls korrigiert.

6. Um das Sprachmaterial zur Wiederholung zu nutzen, sammeln Sie die Texte ein, tippen sie und verteilen sie in einer der nächsten Stunden. Sie können so als Diskussionsgrundlage verwendet werden.

63

NIVEAU: ✶✶✶

LERNZIELE: über die Unterrichtserwartungen diskutieren; Ansichten äußern

Dieser Übungstyp dient dazu, Hemmungen in einer neu zusammengesetzten oder wenig kommunikationsfreudigen Gruppe abzubauen und dem Lehrer Einblick in die in ihn gesetzten Erwartungen zu geben. Auch andere „heikle Themen“ können in derselben Weise angegangen werden.

VORBEREITUNG:

S. 97 kopieren. Sie benötigen für jeden Teilnehmer eine Kopie sowie mindestens eine zusätzliche Kopie. Letztere zerschneiden Sie in 9 „Kärtchen“. Entsprechend Ihrer Teilnehmerzahl – wir gehen von 10-12 Personen aus – fügen Sie noch ein bis drei leere Kärtchen hinzu, die Sie mit der Anweisung versehen: *Diga lo que piensa usted.*

UNTERRICHTSVERLAUF:

1. Verteilen Sie die Kärtchen an die Lerner. (Es empfiehlt sich, alle Kärtchen in einen Hut oder in eine Tasche zu geben und die Lerner selbst ziehen zu lassen. Durch das Zufallsprinzip werden nämlich etwaige Hemmungen, sich über negative Gefühle zu äußern, abgebaut.)

2. Geben Sie den Lernern nun Zeit für eine 10-15 minütige Diskussion, die von einem der Teilnehmer moderiert wird. Dabei sollen sich die Teilnehmer aus ihrer *Rolle* heraus äußern bzw. entsprechend verhalten, ohne direkt zu sagen, was auf ihrem Kärtchen steht.

Während der Diskussion stehen Sie den Lernern zur Verfügung, wenn sie Vokabelhilfe oder andere Unterstützung benötigen.

3. Nach etwa 15 Minuten beenden Sie die Diskussion und verteilen die kopierten Blätter. Die Lerner sollen nun herausfinden, wer welches Kärtchen hat und wer gesagt hat, „was er/sie wirklich denkt“. Fordern Sie die Lerner auf, ihre Vermutungen zu begründen.

4. An dieser Stelle sind die Lerner oft bereit, ihre Bedürfnisse und Erwartungen zu klären und kundzutun.

Bestimmen Sie nun als neuen Moderator einen Teilnehmer, der gesagt hat, „was er wirklich denkt“, und beginnen Sie eine neuerliche Diskussion, in der jeder seine eigenen Standpunkte, Erwartungen, Wünsche und Empfindungen einbringen kann.

Sr. A: ¿Por qué tengo que escuchar las faltas de los demás? Yo quiero aprender un idioma correctamente. A mi parecer el profesor debe corregir todas las faltas.

Sra. B: Lo que me gusta más son los juegos. Yo en el fondo estoy aquí, porque quiero conocer a gente. Si además aprendo algo, tanto mejor…

Sra. C: Odio las discusiones, las políticas, por ejemplo. Me molesta cuando la gente no está de acuerdo. En el curso de español quiero divertirme y no discutir.

Sr. D: Me gusta entrar en contacto con la gente. Hablando una lengua extranjera puedo conocer a más personas. Y si cometo faltas, no me importa.

Sr. E: En general los profesores hablan demasiado. Son siempre el centro de atención.

Sra. F: En el fondo aprendo más si trabajo sola con un libro. Todas estas discusiones y actividades en clase no me parecen muy efectivas.

Sr. G: Como intelectual no estoy de acuerdo con todos estos juegos en clase. Es una cosa para niños. Y además se pierde mucho tiempo.

Sra. H: ¿Por qué me lo preguntan a mí? Es el profesor quien tiene que saber como dar la clase.

Sr. I: La gramática es la base de todo. Sin conocer la gramática no se puede empezar a hablar.

64

NIVEAU: ✶✶✶
LERNZIELE: syntaktisch korrekte Sätze bilden
MATERIAL: Zeitung oder Zeitschrift

VORBEREITUNG:

Kopieren Sie eine Seite aus einer Zeitschrift oder Zeitung etwa 3 bis 5 Mal.

UNTERRICHTSVERLAUF:

1. Bilden Sie Dreier- oder Vierergruppen und verteilen Sie an jede Gruppe ein kopiertes Blatt.

2. Jede Gruppe wählt nun einen Artikel aus und entnimmt diesem ein bis zwei Sätze (mit insgesamt höchstens 24 Wörtern). Sie gehen umher und stellen sicher, daß das gesamte Vokabular verstanden wird.

3. Fordern Sie dann die Gruppen auf, auf einem Blatt Papier ihre Sätze in 4 Kolumnen von je 6 Wörtern aufzuschreiben. Beispielsweise sollten die Sätze:
El Guernica cambia su residencia. El famoso cuadro de Picasso se podrá visitar a partir de hoy en el Museo de Arte Contemporáneo Reina Sofía.
so angeordnet werden:

EL	**FAMOSO**	**VISITAR**	**EL**
GUERNICA	**CUADRO**	**A**	**MUSEO**
CAMBIA	**DE**	**PARTIR**	**DE**
SU	**PICASSO**	**DE**	**ARTE**
RESIDENCIA	**SE**	**HOY**	**CONTEMPORÁNEO**
EL	**PODRÁ**	**EN**	**REINA SOFÍA**

4. Sammeln Sie nun die Blätter ein und verteilen Sie sie neu. Achten Sie darauf, daß keine der Gruppen ihr eigenes Blatt zurückbekommt. Nun erhält jede Gruppe die Aufgabe, unter Verwendung der in jeder Zeile vorhandenen Wörter Sätze zu bilden, wobei weiteres Wortmaterial hinzugefügt werden darf. Die Länge der Sätze spielt keine Rolle, sie sollen aber grammatikalisch und syntaktisch korrekt sein. Hier ein Beispiel:

EL domingo vamos de excursión a Barcelona para ver las obras del FAMOSO arquitecto Antonio Gaudí y para VISITAR también EL museo Picasso y el barrio gótico.

Die Gruppe, die zuerst fertig ist und 6 richtige Sätze vorweisen kann, hat gewonnen.

65

NIVEAU: ✶✶✶

LERNZIELE: Leseverstehen, Analysieren und Konstruieren von Sätzen

MATERIAL: kleine Kärtchen oder Zettel

VORBEREITUNG:

Suchen Sie aus verschiedenen (möglichst) bekannten Lesetexten (z.B. aus bereits behandelten Lehrbuchtexten) je einen relativ komplexen Satz aus und schreiben Sie ihn auf ein Kärtchen. Sie benötigen für jeden Lerner einen Satz. (Wenn Sie es vorziehen, in Paaren arbeiten zu lassen, reicht ein Satz für je zwei Lerner.)

Hier ein Beispiel: *Carlos V, rey de España y de Alemania, cansado de un reinado que había transcurrido en guerras continuas contra Francia, los Moros y el Protestantismo, decidió abdicar en su hijo Felipe II y retirarse a Yuste, en el sur de la Sierra de Gredos.*
(Desde España. *"Ciudades y paisajes."* Klett 1992)

UNTERRICHTSVERLAUF:

1. Erklären Sie den Lernern, daß Sie ihnen nun einen etwas komplexen Satz, den sie bereits kennen, präsentieren werden und daß die Aufgabe darin besteht, die Informationen, die in diesem Satz enthalten sind, in mehreren einfachen Sätzen auszudrücken.

2. Erläutern Sie dies an einem Beispiel, indem Sie einen Satz an die Tafel schreiben und diesen gemeinsam mit den Lernern in Einzelsätze zerlegen. Wenn wir vom obigen Beispielsatz ausgehen, könnte dies so aussehen:
Carlos V fue rey de España.
Carlos V lleva a cabo guerras contra Francia, los Moros y el Protestantismo.
Cansado abdica en Felipe II.
Felipe II era hijo de Carlos V.
Carlos V se retira a Yuste.
Yuste está en el sur de la Sierra de Gredos.

3. Verteilen Sie nun die Kärtchen mit den Sätzen und bitten Sie die Lerner, jeweils ihren Satz zu zerlegen, die neuen Sätze untereinander auf einen Zettel zu schreiben und eine Überschrift dazu zu erfinden.

4. In der Zwischenzeit gehen Sie umher und berichtigen die Fehler.

5. Wenn die Lerner bzw. Zweiergruppen ihre Arbeit abgeschlossen haben, sammeln Sie die Originalsätze ein.

6. Bitten Sie nun die Lerner, ihre Zettel auszutauschen und zu versuchen, aus den aufgelisteten kurzen Sätzen einen komplexeren Satz zu bilden, der einen Sinn ergibt.

7. Auch hierbei greifen Sie unterstützend ein, wenn Hilfe erforderlich ist, und hängen dann die neu zusammengebauten Sätze an die Wand, damit sie alle sehen können.

8. Nun sagen Sie den Lernern, aus welchen Texten die Originalsätze stammen und bitten sie, sie zu suchen. Dies ist gegebenenfalls eine sinnvolle Hausaufgabe, die das kursorische Lesen einüben läßt. Anschließend kann über die Unterschiede zwischen der Originalfassung und der Lernerfassung gesprochen werden, wobei die Originalversion nicht immer die beste sein muß!

66

NIVEAU: ✶ ✶ ✶

LERNZIELE: Wortschatz (Wörter, die man leicht verwechselt)

MATER!AL: Zettel oder Kärtchen

VORBEREITUNG:

a) Stellen Sie eine Liste der Wörter zusammen, die bei den Lernern – entsprechend dem jeweiligen Lernniveau – oft zu Verwechslungen führen. Bereiten Sie sich so vor, daß Sie die Unterschiede deutlich erklären können. Hier eine mögliche Liste:

alto/grande – banca/banco – bombón/caramelo – el broche/la brocha – calle/carretera – cofre/maleta – día/jornada – demostración/manifestación – gimnasio/instituto – mantel/abrigo – moreno/marrón – nombre/apellido – oír/escuchar – el orden/la orden – pez/pescado – puro/cigarro – pimiento/pimienta – premio/precio – programa/cadena – sentar/sentir – tocar/jugar

b) Schreiben Sie – für jeden Teilnehmer – je drei Wörter auf einen Zettel. Achten Sie dabei darauf, daß Sie die Auswahl so treffen, daß das jeweilige „Partnerwort" auf einem anderen Kärtchen verwendet wird, z.B:

tocar – sentar – premio

jugar – día – banca

sentir – pez – oír

precio – jornada – pescado

UNTERRICHTSVERLAUF:

1. Verteilen Sie an die Lerner je einen der Zettel mit drei Wörtern. Jeder Lerner geht nun umher und versucht, die drei Partner zu finden, auf deren Zetteln jeweils ein Wort steht, das mit einem seiner/ihrer Wörter leicht verwechselt werden kann.

2. Wenn Sie der Übung Wettbewerbscharakter verleihen wollen, beenden Sie das Spiel, sobald der erste Lerner seine Partner gefunden hat. Andernfalls warten Sie so lange, bis alle ihre Aufgabe gelöst haben.

In der Zwischenzeit können Sie schnellere Lerner mit weiteren und anspruchsvolleren Beispielen beschäftigen.

Wenn nötig, geben Sie Gelegenheit, auftretende Fragen zu klären.

3. Fordern Sie nun die Lerner dazu auf, einige Sätze zu bilden, um den unterschiedlichen Gebrauch oder die unterschiedliche Bedeutung der „Partnerwörter" zu verdeutlichen. Gehen Sie umher und überprüfen Sie, was die Lerner geschrieben haben. Schließlich lesen einzelne Teilnehmer ihre Wörter und Sätze laut vor, und die anderen kommentieren.

Anmerkung:
Diese Übung veranlaßt meist die Lerner, über weitere Vokabelprobleme zu sprechen.

67

NIVEAU: ✶✶✶

LERNZIELE: Konditional, Bedingungssatz

UNTERRICHTSVERLAUF:

1. Ein Lerner verläßt den Raum. Die Gruppe vereinbart, daß die abwesende Person einen bestimmten Beruf (z.B. *director de orquesta*) ausübt. Sie muß erraten, um welchen es sich handelt. Hinweise werden durch folgende Äußerungen gegeben:
Yo en tu lugar me compraría un smoking. Oder: *Si yo fuera tú, tendría que trabajar a menudo por la noche.*

Einige dieser Sätze sollen vorbereitet werden, solange die betreffende Person noch abwesend ist. Sätze, die allzu eindeutige Hinweise geben (z.B.: *Si yo estuviera en tu lugar, dirigiría una orquesta*), sind zu vermeiden.

2. Die ratende Person kann ihrerseits Fragen stellen, und zwar so:
¿Si estuvieras en mi lugar, tocarías un instrumento?
¿Trabajarías mucho con las manos?
¿Conocerías muy bien la música de Mozart?

3. Wenn der Übungsablauf ins Stocken gerät, können Sie der Gruppe auf kleinen Zetteln Stichwörter zuschieben, die die Phantasie anregen, z.B. *aplauso, concierto* etc.
Eine andere Möglichkeit der Aktivierung ist folgende: Die Gruppe wendet der ratenden Person den Rücken zu und mimt den Beruf.

68

NIVEAU: ✶✶✶

LERNZIELE: Konsequenzen aufzeigen, Hypothesen bilden, Bedingungssatz; Grammatik: *Subjuntivo*, Konditonal

Diese Übung empfiehlt sich nur für Gruppen, deren Mitglieder sich genügend lange kennen und ein gewisses gegenseitiges Vertrauen entwickelt haben.

UNTERRICHTSVERLAUF:

1. Sprechen Sie mit den Lernern darüber, was sie gerne/oft tun und demnächst wieder tun werden. Schreiben Sie einige Beispiele an die Tafel, z.B.: *Beatriz es muy curiosa y quiere saber siempre todo. Susanne siempre llega tarde. Peter nunca se acuerda de mi nombre.*

Lassen Sie weitere Beispiele finden und schreiben Sie sie ebenfalls an die Tafel.

2. Fragen Sie die Lerner, wie sie reagieren werden, wenn sich die betreffenden Personen wie beschrieben verhalten, z.B.:
La próxima vez cuando Peter no se acuerde de mi nombre tiene que pagarme una cerveza.

3. Verändern Sie nun die Namen in den Beispielen, so daß die Eigenschaften Lernern zugeschrieben werden, auf die sie normalerweise nicht zutreffen. Wie würden die anderen reagieren, wenn sich die Betreffenden so verhielten? Nun ist eine Situation geschaffen, in der das Konditional erforderlich wird, z.B.:
Si María mañana no se acordara de mi nombre, me sentiría ofendido.

69

NIVEAU: ✶✶✶

LERNZIELE: Textproduktion; Grammatikwiederholung; Rechtschreibung

VORBEREITUNG:

1. Unterrichtsstunde – keine; 2. Unterrichtsstunde – siehe Punkt 2

UNTERRICHTSVERLAUF:

Erste Unterrichtsstunde:

1. Erarbeiten Sie gemeinsam mit der Klasse einen Text. Als Anregung kann alles dienen: ein komisches Erlebnis, einige unzusammenhängende Bilder, ein Buch usw.
Achten Sie darauf, daß sich alle Lerner am Schreiben des Textes beteiligen, so daß jeder einzelne das Gefühl bekommt, daran mitgewirkt zu haben. Sie können den Text an die Tafel schreiben, Sie können ihn aber auch in Ihrem Notizbuch festhalten, wobei Ihnen der Wortlaut von den Lernern diktiert wird.

2. Vor der nächsten Unterrichtsstunde reduzieren Sie den Text auf etwa 12 Sätze, wobei Sie jeden Satz auf einen getrennten Papierstreifen schreiben.

Dabei nutzen Sie die gute Gelegenheit, neue Wörter einzuführen, denn die Lerner werden das unbekannte Sprachmaterial leicht erschließen können, da es sich um „ihre" Geschichte handelt. Außerdem können Sie gezielt grammatische Strukturen verwenden, die geübt werden sollen (z.B. Verben im *Indefinido*).

Achten Sie darauf, daß die Sätze Elemente von jedem Teilnehmer enthalten und daß genügend Papierstreifen vorhanden sind, so daß jeder Teilnehmer mindestens einen bekommt.

Zweite Unterrichtsstunde:

3. In der nächsten Unterrichtsstunde verteilen Sie die Papierstreifen. Es ist nun Aufgabe der Lerner, die Geschichte zusammenzusetzen. Helfen Sie nur, wenn es echte Probleme gibt.

4. Sobald die Sätze in die richtige Reihenfolge gebracht sind, bitten Sie einzelne Lerner, Ihnen die Geschichte zu diktieren. Während Sie sie an die Tafel schreiben, unterbrechen Sie bei jeder fehlerhaften Aussprache oder sinnentstellenden Diktion. Bitten Sie den Rest der Klasse, Ihnen klarzumachen, was Sie schreiben sollen. Geben Sie den Lernern die erforderliche Zeit, den Text abzuschreiben.

5. Auf der Grundlage dieses Textes kann nun gezielt Grammatik- oder Wortschatzarbeit durchgeführt werden (siehe Punkt 2).

70

NIVEAU: ✶ ✶ ✶

LERNZIELE: beschreiben; Grammatik: Imperativ, Ortsadverbien und -präpositionen

MATERIAL: kleine Zettel

VORBEREITUNG:

Schreiben Sie auf je einen Zettel Wörter wie *televisor, bicicleta, gafas, casa, flor, paraguas* etc. Die ausgewählten Wörter sollen Gegenstände benennen, die den Lernern vertraut sind und deren spanische Bezeichnung sie kennen. Falten Sie die Zettel so, daß das Geschriebene nicht lesbar ist.

UNTERRICHTSVERLAUF:

1. Führen Sie Redemittel ein, die zur Beschreibung von Gegenständen und zur Verdeutlichung räumlicher Beziehungen erforderlich sind. Ausdrücke wie diese werden wahrscheinlich benötigt:

Adjektive: *redondo, oval, cuadrado, triangular, largo, corto, pequeño, grande, horizontal, vertical*

Substantive: *línea, círculo, semicírculo, cuadrado, rectángulo, triángulo*

Ortsadverbien und -präpositionen: *a la derecha/izquierda, abajo, encima, (más) arriba/atrás, al fondo, en el centro, al lado de, dentro de, alrededor de.*

2. Bitten Sie einen Lerner, der gut zeichnen kann, an die Tafel zu kommen. Fordern Sie einen oder zwei andere Lerner auf, einen Zettel zu ziehen und den darauf bezeichneten Gegenstand zu beschreiben, *ohne seine Funktion zu nennen.* Mit anderen Worten: Ein Fernseher sollte *nicht* beschrieben werden als
objeto para ver, por ejemplo, una película,
sondern vielmehr als
rectángulo dentro de otro rectángulo con algunos pequeños círculos abajo a la derecha.

3. Der als „Künstler“ bestellte Lerner zeichnet den Gegenstand entsprechend der Beschreibung an die Tafel. Der Rest der Klasse versucht, aufgrund der Beschreibung und der Zeichnung zu erraten, um welchen Gegenstand es sich handelt. Der Lerner, der den Gegenstand beschreibt (es können, wie bereits erwähnt, auch zwei sein), kann dem Künstler weitere Informationen geben, wenn die Zeichnung nicht präzise genug ist und der Gegenstand nicht erraten werden kann, z.B: *No, así no, el segundo rectángulo es más pequeño.* Oder: *Sí, así está bien, pero póngalo un poco más a la izquierda.*

4. Der Lerner, der als erster den Gegenstand errät, zieht den nächsten Zettel und setzt die Übung fort. Wenn er/sie möchte, kann er/sie sich einen Partner wählen.

Anmerkung:
Die Übung ist umso anspruchsvoller, je genauer die Regel eingehalten wird, nichts über die Funktion des Gegenstandes auszusagen.

71

NIVEAU: ✶✶✶

LERNZIELE: Vermutungen äußern und begründen; einen Werbetext erstellen

MATERIAL: 1 Werbeanzeige, Klebstoff, Karton, Schere

VORBEREITUNG:

Wählen Sie eine Werbeanzeige aus, bei der das Produkt in keinem offensichtlichen Zusammenhang mit der Illustration steht (z.B. Wasserfall in einer Zigarettenreklame). Kleben Sie die Anzeige auf Karton und zerschneiden Sie sie in etwa 10 Teile.

UNTERRICHTSVERLAUF:

1. Geben Sie der Klasse einen Teil des von Ihnen erstellten Puzzles. Lassen Sie es herumreichen, erklären Sie den Lernern, daß es Teil einer Werbeanzeige ist und lassen Sie raten, für welches Produkt hier geworben werden könnte. Ein/e „Sekretär/in“ schreibt die verschiedenen Hypothesen an die Tafel.
Als Redemittel können Wendungen wie
Según mi opinión...
Podría ser...
Quizá...
Creo que es...
wiederholt bzw. erarbeitet werden.

2. Geben Sie den Lernern nach und nach weitere Teile des Puzzles und lassen Sie sie weiter spekulieren und ihre Annahmen begründen. Geben Sie keine Hinweise auf die Richtigkeit der Vermutungen. Erst wenn das Puzzle abgeschlossen ist, wird erkennbar, wofür die Anzeige werben soll.

3. Bitten Sie nun die Lerner, eines der Produkte, die der/die „Sekretär/in“ an die Tafel geschrieben hat, auszuwählen und eine entsprechende Werbeanzeige zu erstellen. Dabei soll der Text bzw. die Zeichnung keinen direkten Bezug zum Produkt haben. Beispielsweise kann ein einsamer Strand mit Palme für ein Möbelstück werben oder ein Fahrrad zum Kauf eines Computers anregen.

4. Die Lerner zeigen nun ihre Zeichnungen bzw. tragen ihre Texte vor, und der Rest der Klasse versucht, herauszufinden, welches der an der Tafel aufgeführten Produkte oder Dienstleistungen damit beworben werden soll. (Achten Sie auf die Verwendung der unter Punkt 1 angeführten Redemittel.) Jede vorgebrachte Hypothese soll außerdem begründet werden. Schließlich erläutert der betreffende „Werbetexter“ die der Anzeige zugrundeliegende Idee und Umsetzung.

5. Zum Abschluß empfiehlt es sich, die Lerner aufzufordern, einen Slogan zu erfinden, der einen Zusammenhang zwischen dem Produkt einerseits und ihrem Bild bzw. Text andererseits herstellt.

72

NIVEAU: ✶✶✶

LERNZIELE: einen Werbetext formulieren und mündlich vortragen

MATERIAL: Werbeanzeigen, Bildmaterial; evtl. Tonbandgerät oder Cassettenrecorder

VORBEREITUNG:

Schneiden Sie komplette Werbeanzeigen sowie Überschriften weiterer Werbeanzeigen aus Zeitschriften aus und bringen Sie unterschiedliches Bildmaterial aus Zeitschriften oder Zeitungen mit.

UNTERRICHTSVERLAUF:

1. Geben Sie jedem Lerner die Kopie einer Werbeanzeige. Lassen Sie die Lerner darüber sprechen, welches Produkt mit dieser Anzeige verkauft wird und auf welche Weise die Aufmerksamkeit des Lesers geweckt und seine Kauflust angeregt werden soll.

2. Geben Sie dann jedem Lerner die Überschrift einer anderen Werbeanzeige, und achten Sie darauf, daß die Teilnehmer unterschiedliche Überschriften haben.

3. Legen Sie nun die Bilder auf dem Tisch aus, und lassen Sie die Lerner das zu ihrer Textzeile geeignet erscheinende Material auswählen, um eine entsprechende Anzeige zu formulieren bzw. zu gestalten.

4. Geben Sie den Teilnehmern etwa 10 Minuten Zeit (bei niedrigem Lernniveau etwas mehr), damit sie die Anzeige verfassen können. Sie selbst stehen als Sprachberater zur Verfügung. Es empfiehlt sich auch, einige Wörterbücher bereitzustellen, die eine Reihe von Vokabelproblemen aus dem Weg schaffen können.

5. Wenn die Lerner ihre Arbeit abgeschlossen haben, bitten Sie sie, ihre Anzeigen werbewirksam vorzutragen. Dabei können Sie das Tonband laufen lassen, um im Anschluß daran sowohl den Text als auch die Vortragsweise mit der Gruppe zu besprechen.

VARIANTE:

Die Lerner verdecken das Bild während ihres Vortrags. Das erhöht die Spannung. Wenn es im Nachhinein „enthüllt“ wird, gibt es oft Überraschungen und viel Gelächter!

73

NIVEAU: ✶✶✶

LERNZIELE: Erstellen eines Werbetextes – informieren und überzeugen

MATERIAL: Werbeslogans

VORBEREITUNG:

Schneiden Sie aus einer geeigneten Zeitschrift einige Werbeslogans aus, die vermutlich Ihre Klasse ansprechen werden. Wenn Sie nichts Passendes finden, können Sie einige Slogans für imaginäre Produkte und Sonderangebote erfinden.

UNTERRICHTSVERLAUF:

1. Bringen Sie das gesammelte Material mit, und verwenden Sie es als Anregung für ein „brainstorming“ über Werbeslogans. Das bereitet die Atmosphäre für die weitere Arbeit vor.

Hier einige Beispiele:

2. Teilen Sie die Klasse in Zweiergruppen. Beide Partner (A und B) denken sich je ein Produkt aus, das sie gerne sein möchten. Sobald das entschieden ist, erfolgt der Eintritt in die Marketing-Phase. A bereitet einen Werbespot für B vor, und B tut gleichzeitig dasselbe für A. A und B sind miteinander im Gespräch darüber, was ausgesagt werden soll. Lügen und übertreiben gehört zur Spielregel.

Gehen Sie in der Klasse umher und liefern Sie Vokabeln und Ideen, wenn es nötig ist. Korrigieren Sie auch die auftretenden Fehler.

3. Wenn alle ihren Text formuliert haben, präsentiert jeder Lerner sein „Produkt“ und trägt seinen Werbespot vor.

Das Produkt soll seinerseits, wenn möglich, die ihm angedichteten Eigenschaften demonstrieren. Wenn z.B. der „Marketingdirektor“ behauptet, sein Produkt könne Englisch sprechen, so sagt das „Produkt“: *Yes*!

Der Vortrag des Werbetextes sollte sich an den üblichen Fernsehspots orientieren und aus einigen visuellen Elementen bestehen, die von einem Moderator präsentiert werden.

74

NIVEAU: ✶✶✶
LERNZIELE: Textrekonstruktion und Textproduktion
MATERIAL: Zeitungsartikel, einige Briefumschläge

VORBEREITUNG:

Schneiden Sie Zeitungsartikel aus, deren Schwierigkeitsgrad dem Lernniveau Ihrer Klasse entspricht. Sie benötigen etwa drei Artikel für jede Kleingruppe (vgl. Punkt 1). Kleben Sie nun die Artikel jeweils auf ein Blatt Papier. Trennen Sie dann die Überschriften vom Text der Anzeigen und zerschneiden Sie die Überschriften in einzelne Wörter. Mischen Sie für jede Gruppe die Wörter der drei Überschriften und geben Sie sie in einen Briefumschlag, so daß Sie letztlich für jede Kleingruppe einen Briefumschlag vorbereitet haben.

UNTERRICHTSVERLAUF:

1. Bilden Sie Kleingruppen und verteilen Sie die vorbereiteten Briefumschläge.

2. Sagen Sie den Lernern, daß die Umschläge Wörter von drei Überschriften enthalten. Die Aufgabe besteht nun darin, durch richtiges Aneinanderfügen der Wörter die Überschriften zu rekonstruieren.

Erklären Sie sich bereit, die wörtliche Bedeutung eines jeden Wortes zu erklären, weisen Sie aber darauf hin, daß in Überschriften die Wörter nicht immer in ihrer wörtlichen Bedeutung verwendet werden und daß es eventuell auch darum geht, metaphorische Bedeutungen zu erschließen.

3. Lassen Sie die Gruppen so lange arbeiten, wie sie es möchten. Wenn nötig, greifen Sie helfend ein. Das Zusammenfügen der Wörter sollte ungefähr 10 Minuten in Anspruch nehmen, wird aber je nach Lernniveau der Klasse unterschiedlich lange dauern.

4. Wenn die Überschriften rekonstruiert sind, bitten Sie die Lerner, die Ergebnisse vorzulesen und zu sagen, was die Überschriften aussagen und wovon die entsprechenden Artikel vermutlich handeln werden.

Bitten Sie nun jeden Lerner, eine Überschrift auszuwählen und einen passenden Artikel dazu zu schreiben. (Sind mehr Lerner als Überschriften vorhanden, können letztere kopiert werden.) Die Artikel sollten kurz sein: etwa 5 bis 12 Sätze sind durchaus ausreichend.

5. Anschließend lesen die Lerner ihre Artikel laut vor und vergleichen sie schließlich mit den Originalversionen aus der Zeitung. (Es empfiehlt sich wahrscheinlich, die Originalartikel zu vereinfachen und auf das Lernniveau der Klasse abzustimmen. Es ist jedoch für die Lerner motivierend, wenn sie den Originalartikel in seiner gedruckten Form wenigstens zu sehen bekommen.)

75

NIVEAU: ✶✶✶
LERNZIELE: Leseverstehen (kursorisches Lesen)
MATERIAL: eine Zeitung

VORBEREITUNG:

Sehen Sie für jeden Lerner eine Zeitungsseite vor und achten Sie darauf, daß jede Seite mindestens zwei komplette Artikel enthält.

UNTERRICHTSVERLAUF:

1. Verteilen Sie die Zeitungsseiten an die Lerner.

2. Bitten Sie nun die Lerner, einen der Artikel auf ihrer Zeitungsseite zu lesen und dann eine Frage dazu an die Tafel zu schreiben, ohne bekanntzugeben, um welchen Artikel es sich handelt. Jedoch soll die Frage so gestellt werden, daß sie nur aufgrund der Lektüre des entsprechenden Artikels beantwortet werden kann.

3. Sammeln Sie danach die Zeitungsseiten wieder ein und legen Sie sie auf einem Tisch aus, oder heften Sie sie an die Wände des Unterrichtsraums. Fordern Sie nun die Lerner auf, die Fragen an der Tafel zu beantworten. Um diese Aufgabe zu erfüllen, müssen die Lerner
- sämtliche Zeitungsseiten überfliegen,
- feststellen, auf welche Artikel sich die Fragen beziehen,
- die entsprechenden Artikel genau lesen und
- die Fragen beantworten.

4. Sobald der erste Lerner fertig ist, besprechen Sie die Antworten mit der Klasse.

Gegebenenfalls können Sie auch eine Diskussion darüber anregen, was zur Identifizierung der einzelnen Artikel geführt hat.

76

NIVEAU: ✶✶✶ bis ✶✶✶✶

LERNZIELE: Fragen zum Textverständnis formulieren und beantworten, Benutzung eines einspr. Wörterbuchs

MATERIAL: mehrere einsp. span. Wörterbücher, Kopien eines Lesetextes, Kopien des Fragenkatalogs der Lerner

Diese Übung eignet sich insbesondere zur Prüfungsvorbereitung von „Textaufgaben“, da sie die Lerner „am eigenen Leib“ erfahren läßt, nach welchen Kriterien ein Prüfer vorgeht.

VORBEREITUNG:

Für die erste Unterrichtsstunde: Wählen Sie einen relativ anspruchsvollen Lesetext – eventuell Lehrbuchtext – aus und kopieren Sie ihn. Der Text sollte ein bis zwei Seiten lang und deutlich in vier bis fünf Abschnitte gegliedert sein. Versehen Sie jeden Abschnitt mit einer Nummer.

Für die zweite Unterrichtsstunde: Überprüfen Sie, ob die Fragen der Lerner sprachlich korrekt formuliert und gut leserlich sind. Fertigen Sie Kopien an.

UNTERRICHTSVERLAUF:

Erste Unterrichtsstunde:

1. Teilen Sie die Klasse in vier oder fünf Gruppen und geben Sie jedem Lerner eine Textkopie. Jede Gruppe sollte nach Möglichkeit ein einsprachiges Wörterbuch zur Verfügung haben. Sagen Sie nun der Klasse, daß jede Gruppe für einen bestimmten Abschnitt zuständig ist, und verteilen Sie die Abschnitte an die Gruppen.

2. Sagen Sie den Lernern, daß es ihre Aufgabe ist, 10 Verständnisfragen zu ihrem Abschnitt zu formulieren und daß Sie dann die Fragen einsammeln und für die nächste Stunde kopieren werden. Bitten Sie die Lerner, deutlich zu schreiben.

Wenn Zweifel darüber bestehen, was unter „Verständnisfragen“ zu verstehen ist, geben Sie die entsprechende Erklärung. Wenn nötig, führen Sie einige Beispiele an.

Während die Lerner ihre Fragen formulieren, gehen Sie umher und helfen, wo Probleme auftauchen und Hilfe gewünscht wird.

3. Sammeln Sie die Fragen ein, um sie in der nächsten Unterrichtsstunde wieder zu verwenden.

Zweite Unterrichtsstunde:

4. Teilen Sie die Klasse in dieselben vier oder fünf Gruppen wie in der vorausgegangenen Stunde. Verteilen Sie die Kopien mit den Fragen so, daß jede Gruppe den Fragenkatalog einer anderen Gruppe erhält. Es geht nun darum, Fragen zu beantworten, die sich auf einen Abschnitt des Textes beziehen, mit dem sich die betreffende Gruppe bis jetzt nicht befaßt hat. Die Beantwortung der Fragen kann in Einzelarbeit, in Partnerarbeit oder von der gesamten Kleingruppe gemeinsam vorgenommen werden.

5. Sammeln Sie nun die Antworten ein, und geben Sie sie jeweils an die Gruppe, die die diesbezüglichen Fragen gestellt hat, damit sie – gleichsam wie eine Prüfungskommission – die Arbeiten korrigiert.

6. Nach der Korrektur gehen die Arbeiten an die „Prüflinge“ zurück, die versuchen sollen, ihre Antworten zu rechtfertigen. An dieser Stelle sollte es zu lebhaften Diskussionen zwischen den Gruppen kommen, es ist jedoch darauf zu achten, daß der Prozeß nicht außer Kontrolle gerät.

7. Zum Abschluß kann eine Diskussion über die Nützlichkeit von Verständnisfragen geführt werden: Inwiefern gibt das korrekte Beantworten von Verständnisfragen Aufschluß darüber, ob der Text tatsächlich verstanden wurde? Fordern Sie die Lerner auf, ihre Meinungen durch konkrete Beispiele zu verdeutlichen.

77

NIVEAU: ✶✶✶

LERNZIELE: Probleme diskutieren und Ratschläge erteilen; Briefe beantworten

MATERIAL: Leserbriefe und Antworten der Zeitschriftenredaktion

VORBEREITUNG:

Schneiden Sie verschiedene Leserbriefe und Antwortbriefe aus entsprechenden Zeitschriften (z.B. "Semana", "Diez Minutos", "Lecturas" etc.) aus, oder kopieren und zerschneiden Sie die Textbeispiele von S. 112.

Kleben Sie die Briefe auf festes Papier, und zwar so, daß jeweils auf der Vorderseite ein Leserbrief und auf der Rückseite der zu einem *anderen* Leserbrief gehörende Antwortbrief zu stehen kommt.

UNTERRICHTSVERLAUF:

1. Der Einsatz von Leserbriefen im Unterricht kann auf verschiedene Weise erfolgen:

Variante 1: Ein Lerner liest einen Leserbrief laut vor. Die Klasse diskutiert das angesprochene Problem und macht Lösungsvorschläge. Nachdem jeweils ein Brief oder auch mehrere in dieser Weise besprochen worden sind, suchen die Lerner auf der Rückseite ihrer Blätter die jeweils passende(n) Antwort(en) und vergleichen sie mit ihren eigenen Problemlösungsvorschlägen.

Variante 2: Ein oder mehrere Leserbriefe werden laut vorgelesen. Die Lerner schreiben einen passenden Antwortbrief. Danach werden die Briefe der Lerner mit den Antwortschreiben der Zeitschriftenredaktion verglichen.

Variante 3: (Diese Variante kann auch als Fortsetzung von Variante 1 oder 2 verwendet werden, jedoch muß in diesem Fall darauf geachtet werden, daß die bereits verwendeten Antwortbriefe nicht nochmals eingesetzt werden!)

Verteilen Sie je einen Antwortbrief an die Lerner und stellen Sie ihnen die Aufgabe, einen Leserbrief zu verfassen, der die Grundlage für den entsprechenden Antwortbrief sein könnte.

Im Anschluß daran suchen die Lerner aus den vorhandenen Originalbriefen jeweils den entsprechenden Leserbrief aus.

2. Nach Abschluß der Arbeiten mit den Briefen können Sie eine Diskussionsrunde über die angesprochene Thematik einleiten: Einsamkeit in der modernen Welt, Kommunikationsdefizite des heutigen Menschen, was Männer und Frauen dazu veranlaßt, sich an den „Kummerkasten" einer Zeitschrift zu wenden...

Solo como la una

Querida Charo:
Me llamo Roberto, tengo 22 años. Soy contable empleado en Barcelona, pero soy de Córdoba. He abandonado mi pueblo porque he encontrado trabajo en Barcelona. Pero el trabajo no lo es todo: no tengo novia, no tengo amigos y no tengo familia porque vive en Torrevieja.
Mi problema es ser andaluz. En Barcelona normalmente sólo se habla catalán entre los jóvenes y por eso no puedo entrar en contacto con gente de mi edad.
Hace poco conocí a una dependienta, una barcelonesa muy cariñosa y simpática, pero después del primer encuentro me ha dejado y ¿sabe por qué? Porque soy andaluz. Estoy muy deprimido y no sé qué hacer en esta ciudad tan grande para conocer a una chica que no tenga prejuicios. ¿Qué puedo hacer? Gracias por su atención.

Está enamorada de un „Don Juan“

Estimada señora Francis:
Soy una chica de 19 años. Hace algún tiempo me enamoré de un hombre por el que he perdido la cabeza. El vive en otra ciudad, no puedo llamarlo, no puedo saludarlo en presencia de otras personas y si podemos vernos tiene que ser exclusivamente cuándo y dónde él quiere. Es 17 años mayor que yo, tiene una buena posición, pero es un Don Juan. Necesito ayuda.

Ana María

Un chico skinhead en la familia

“Querida Charo:
Soy la tía de Javier, un chico de 18 años que se viste de skinhead. La cabeza rapada, la cazadora negra, y la camisa de „duro“. Por no hablar de la música estridente que escucha a todas horas. Es el hijo de mi hermana y yo le he tenido mucho cariño porque no tengo hijos. He intentado hablar con él, pero es como si habláramos dos idiomas distintos. El dice que yo sólo juzgo a las personas según su aspecto. Yo, sin embargo, sólo lo miro y me parece que no lo reconozco.
Mi hermana y su marido, después de estar muy afectados al ver como su hijo se iba transformando en un muchacho problemático, han decidido ser tolerantes y no meterse en sus decisiones. Se contentan con el hecho de que no sea un macarra. Efectivamente, Javier no ha sido violento nunca, tampoco racista. ¿Pero puede alguien diferenciarse tanto de sus amistades? Ya conoce el refrán: Dime con quién andas y te diré quién eres.

■ *Querido Roberto:*
He leído tu carta. El problema al que aludes es muy común entre la gente de una gran ciudad como Barcelona. Es el mal del hombre de hoy en día. En este momento hay tantas personas que están solas y no tienen nadie cerca. Has de tener el coraje de dar el primer paso. Y, querido Roberto, dime, ¿por qué estás triste? Tienes un trabajo. Esto es muy importante. Y en Barcelona hay tantas muchachas sin prejuicios. Un refrán dice: El que busca, encuentra.
¡Ten coraje y adelante!

■ Querida Ana María:
Si he entendido bien, has perdido la cabeza por uno que te considera tan poco como tenerte de “segundo plato”. Ante esta situación no tendría nada que decir si estuvieras satisfecha y feliz. Pero no lo estás, te sientes humillada.
El único consejo que puedo darte es que intentes recuperar tu libertad.

■ Querida señora Ramos:
Una tía que no reconoce a su sobrino. Los familiares que desaprueban al hijo, pero que no interfieren en sus decisiones. Pero, a pesar de esa legítima preocupación de los adultos, Javier no es un gamberro, no es violento. Tan sólo es un muchacho en busca de su propia identidad.

78

NIVEAU: ✶✶✶

LERNZIELE: Vorlieben äußern, Vermutungen anstellen, begründen

MATERIAL: Gemäldereproduktionen

VORBEREITUNG:

20 bis 30 Reproduktionen von Gemälden aus verschiedenen Epochen (Kunstpostkarten oder Kalenderblätter) beschaffen und durchnumerieren

UNTERRICHTSVERLAUF:

1. Legen Sie die numerierten Bilder auf einem Tisch aus. Fordern Sie die Lerner auf, sich ein Bild auszuwählen, über das sie gerne sprechen möchten. Dabei bleiben die Bilder auf dem Tisch liegen, und niemand sagt den anderen, welches Bild er/sie gewählt hat.

2. Bitten Sie nun die Lerner, je eine Liste der Kursteilnehmer zu erstellen und neben jeden Namen die Nummer des Bildes zu setzen, das – ihrer Meinung nach – der jeweilige Teilnehmer gewählt haben könnte.

Variante: Die Liste der Teilnehmer wird an die Tafel geschrieben, die vermutete Bildwahl jedes einzelnen Teilnehmers durch Gruppenkonsens ermittelt und die betreffende Zahl hinzugefügt.

3. Fordern Sie nun die Lerner auf, das von ihnen tatsächlich gewählte Bild vom Tisch zu nehmen und zu begründen, warum sie gerade dieses Bild gewählt haben. Wenn mehrere Personen dieselbe Wahl getroffen haben, wird das Bild herumgereicht und von den entsprechenden Teilnehmern kommentiert.

4. Nachdem jeweils ein Teilnehmer seine Wahl begründet hat, ist der Rest der Klasse an der Reihe und sagt,

a) welches Bild der betreffendeTeilnehmer nach Meinung der anderen gewählt haben könnte und

b) welche Empfindungen und Assoziationen das von diesem Teilnehmer gewählte Bild bei den anderen auslöst.

5. In einer Feedback-Runde sollte nun über die Frage des Geschmacks diskutiert werden sowie über die Zusammenhänge zwischen dem Verhalten eines Menschen und seinen Vorlieben für bestimmte Kunstwerke und Stilrichtungen. Achten Sie darauf, daß die Diskussion auf nicht allzu persönlicher Ebene geführt wird.

79

NIVEAU: ✶✶✶
LERNZIELE: behaupten und abstreiten, diskutieren
MATERIAL: farbige Haftpunkte oder Filzstifte

Ziel dieser Übung ist es, die Beobachtungsfähigkeit zu fördern.

UNTERRICHTSVERLAUF:

1. Teilen Sie die Klasse in zwei Gruppen: A und B. Bieten Sie dann der Gruppe A einige Diskussionsthemen zur Auswahl (z.B. Geschwindigkeitsbegrenzung auf Autobahnen, Umweltschutz im Alltag, Seniorenuniversitäten etc.) an.

Gruppe A entscheidet sich für ein Thema, um es mit Gruppe B zu erörtern, und bereitet dazu einige Diskussionsfragen vor. Stellen Sie dafür 5 Minuten zur Verfügung.

2. In der Zwischenzeit gehen Sie mit Gruppe B in einen anderen Raum (oder auf den Flur). Bitten Sie die Lerner, sich einen farbigen Punkt auf das Gesicht zu kleben (Haftpunkt) oder zu malen (Filzstift).

Erläutern Sie, daß daraufhin alle in den Unterrichtsraum zurückgehen und sich einen Gesprächspartner suchen sollen. Sollte eine Bemerkung wegen des Punktes fallen, müßten sie dessen Existenz hartnäckig leugnen, sich aber merken, wie der Partner darauf reagiert.

3. Während sich Gruppe B „bepunktet“, kehren Sie zu Gruppe A zurück und sehen nach, ob die Vorbereitung der Diskussionsfragen zum gewählten Thema abgeschlossen ist. Sie teilen den Lernern mit, daß die Gruppe B nun zum Gespräch zurückkommen wird und daß die Gruppe A während der Diskussion die Hände auf dem Rücken falten solle.

4. Bitten Sie nun die „bepunkteten“ Lerner hereinzukommen – eine leichte Hintergrundmusik kann helfen, die Hemmungen abzubauen –, und lassen Sie die Zweiergespräche etwa 5 Minuten dauern. Gehen Sie in der Zwischenzeit umher, helfen Sie, wenn es erforderlich ist, und notieren Sie sprachliche Schwierigkeiten und Unsicherheiten, die Sie zu einem späteren Zeitpunkt behandeln wollen.

5. Versammeln Sie die Klasse abschließend im Plenum und bitten Sie die Paare, ihre Gespräche möglichst genau zu rekonstruieren. Können sie sich genau an alles erinnern? Wie reagierte die Gruppe A auf die Punkte der Gruppe B? Blieben die Hände der Gruppe A auf dem Rücken? Teilen Sie alles mit, was Sie beobachtet haben.

VARIANTE:

Es kann zusätzlich eine Gruppe C gebildet werden, die als Beobachter fungiert. Natürlich muß diese Gruppe eigens in ihre Rolle eingewiesen werden.

80

NIVEAU: ✶✶✶

LERNZIELE: kursorisches und intensives Lesen; gezielt ausgewählte Grammatik- oder Wortschatzarbeit

MATERIAL: verschiedene Zeitungstexte

VORBEREITUNG:

Legen Sie fest, welche Art von Vokabular (bestimmtes Sach- oder Wortfeld, Fremdwörter etc.) oder welches Grammatikphänomen (z.B. Verben, Präpositionen etc.) Sie bearbeiten möchten, und wählen Sie die Zeitungsartikel entsprechend aus.

UNTERRICHTSVERLAUF:

1. Teilen Sie die Klasse in Kleingruppen und geben Sie bekannt, welches sprachliche Lernziel Sie heute anstreben wollen.

Verteilen Sie die Zeitungstexte, so daß jede Gruppe eine Zeitungsseite hat. Bitten Sie die Lerner, einen Artikel auszuwählen, der viele Beispiele mit dem entsprechenden Wortschatz- oder Grammatikthema enthält.

2. Bitten Sie nun die Lerner, den gewählten Artikel gründlich durchzulesen und alle darin enthaltenen Wörter, die das anvisierte Material betreffen, so durchzustreichen, daß sie nicht mehr lesbar sind. (Gegebenenfalls kann der Text gekürzt werden.) Die durchgestrichenen Wörter werden von den Lernern auf einem Blatt Papier aufgelistet. Dabei empfiehlt es sich, sie zu numerieren und die entsprechende Nummer auch über die jeweilige Textlücke zu schreiben. Falls noch Unklarheiten bestehen sollten, kann das Wörterbuch bzw. die Grammatik zu Rate gezogen werden.

3. Bitten Sie nun die einzelnen Gruppen, ihre Texte auszutauschen und zu versuchen, die fehlenden Wörter zu ergänzen.

4. Anschließend treffen sich die „geprüften“ Gruppen mit ihren „Prüfern“ und besprechen ihre Aufgaben. Wie nahe kommen die gefundenen Lösungen an die Originalversion heran? Haben einige der vorgeschlagenen Wörter den Inhalt oder die Stilebene des Textes verändert?

81

NIVEAU: ✶✶✶

LERNZIELE: Hörverstehen; Erkennen und Wiedergeben affektiv geprägter Ausdrücke, Registerbestimmung; Intonation

MATERIAL: kurzer, emotional gefärbter Dialog auf Cassette (eventuell Lehrbuchdialog), Cassettenrecorder

Gegebenenfalls kann auch eine Videosequenz eingesetzt werden, sofern ein Videorecorder vorhanden ist.

UNTERRICHTSVERLAUF:

1. Teilen Sie den Lernern mit, daß Sie einen kurzen Dialog vorspielen werden. Wenn Sie möchten, können Sie den Inhalt des Textes kurz erläutern. Sagen Sie den Lernern, sie sollten auf folgende Punkte besonders achten:
- Wer sind die Dialogpartner?
- In welcher Beziehung stehen sie zueinander?
- Wo findet das Gespräch statt?

Lassen Sie dann die Lerner – am besten zu zweit – darüber diskutieren, welche Gefühle im Gespräch zum Ausdruck gebracht werden.

2. Sagen Sie nun, daß Sie den Text nochmals vorspielen werden und daß es nun darum geht, die im Text zum Ausdruck kommenden Gefühle aufzuzeichnen.

Zeichnen Sie nachstehende Grafik an die Tafel. Bitten Sie die Lerner, diese in ihr Heft zu übertragen und während des Anhörens des Textes – am besten mit zwei verschiedenen Farbstiften – die Gefühle der beiden Gesprächspartner in ihrem Verlauf nachzuzeichnen.

Machen Sie die Lerner darauf aufmerksam, daß Sie den Dialog so oft abspielen, wie es gewünscht wird, und daß die Eintragungen daher in Ruhe und mit Sorgfalt gemacht werden können.

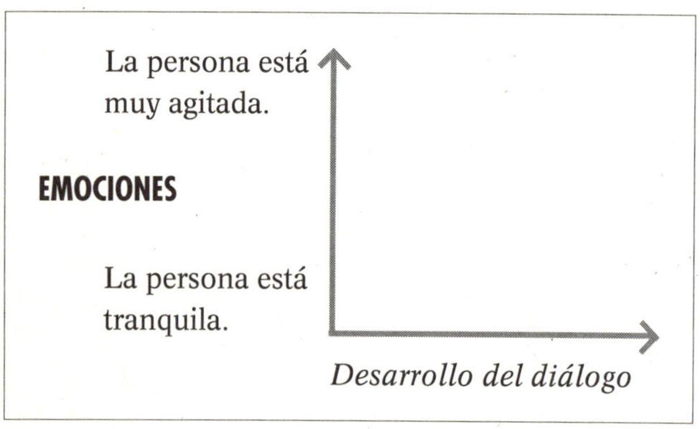

3. Lassen Sie die Lerner wieder paarweise arbeiten und fordern Sie sie auf, die Zeichnungen zu vergleichen und zu kommentieren. Dabei soll über die zum Ausdruck kommenden Gefühle gesprochen werden, z.B.: *Aquí es el momento cuando empieza a gritar y a decir que no lo soporta más.*

4. Spielen Sie jetzt den Dialog nochmals vor und fordern Sie die Lerner auf, die wichtigsten Sätze in die Grafik einzutragen. Dies kann zu zweit oder auch in Einzelarbeit geschehen. Zögern Sie nicht, den Dialog sooft vorzuspielen, wie die Lerner es wünschen.

Bitten Sie dann einen Lerner, an die Tafel zu gehen und die von ihm festgehaltenen Sätze in die Grafik einzutragen. Sprechen Sie darüber mit der Klasse und lassen Sie gegebenenfalls Ergänzungen und Korrekturen vornehmen.

Besprechen Sie das verwendete Sprachregister, und machen Sie die Lerner auf die Intonation aufmerksam.

5. Im Anschluß daran können affektiv geprägte Ausdrücke gesammelt und Intonationsübungen gemacht werden. Hier einige Beispiele:

– *Venga, no te preocupes.*	– *¡No faltaba más!*
– *¡De ninguna manera!*	– *¡Ni hablar de eso!*
– *¡Vete al diablo!*	– *¡Ya era hora!*
– *¿Quién lo hubiera dicho?*	– *¡Me importa un pito!*

Lassen Sie die Lerner die Ausdrücke mit entsprechender Intonation vortragen und klären Sie jeweils das Sprachniveau und den emotionalen Gehalt dieser Redemittel.

Zum Abschluß werden in Partnerarbeit kleine Alltagssituationen simuliert, in denen jeweils einer der erwähnten Ausdrücke Verwendung findet.

82

NIVEAU: ✶✶✶ bis ✶✶✶✶

LERNZIELE: Hörverstehen, Notizen machen, rekonstruieren, zusammenfassen

MATERIAL: Cassettenrecorder, Cassettenaufnahme einer kurzen Nachrichtensendung

VORBEREITUNG:

Überspielen Sie eine kurze Nachrichtensendung auf Cassette. Sie sollte etwa 6-8 Themenschwerpunkte enthalten. Wenn Sie keine Gelegenheit haben, einen spanischen Rundfunksender zu empfangen, stellen Sie – mit Hilfe der Zeitung – selbst eine Nachrichtensendung zusammen, die Sie auf Cassette sprechen.

UNTERRICHTSVERLAUF:

1. Schreiben Sie die Themenschwerpunkte an die Tafel, z.B.:
La ONU pide ayuda para el tercer mundo
¿Una vacuna para el SIDA?
Un nuevo atentado de ETA...etc.

2. Teilen Sie die Klasse in Zweiergruppen. Bitten Sie jedes Paar, einen der Themenschwerpunkte auszuwählen und dann die Nachrichtensendung anzuhören, in der die angegebenen Themen behandelt werden.

3. Spielen Sie die Nachrichtensendung einmal ohne Unterbrechung vor. Spielen Sie sie dann ein zweites Mal vor und fordern Sie die Lerner auf, ihre Aufmerksamkeit auf das von ihnen gewählte Thema zu konzentrieren und dazu schriftliche Notizen zu machen. Wenn es sich anbietet, klären Sie aufkommende Vokabelfragen. Spielen Sie die einzelnen Themenschwerpunkte oder die ganze Sendung sooft vor, wie es notwendig erscheint.

4. Lassen Sie nun die Partner einige Minuten lang ihre Aufzeichnungen vergleichen und besprechen und schließlich eine gemeinsame Version des Themenschwerpunktes erstellen.

Während dieser Vorbereitungsarbeit gehen Sie umher und helfen beim Formulieren des Textes.

5. Die Lerner versammeln sich wieder im Plenum. Einer der Partner stellt sich als „Sprecher" zur Verfügung. Es geht nun darum, die Nachrichtensendung Punkt für Punkt zu rekonstruieren und entsprechend vorzutragen.

6. Spielen Sie die Originalversion ein letztes Mal vor.

7. Zum Abschluß erstellen die Lerner eine endgültige Fassung ihrer Ausführungen. Das kann sowohl in der Unterrichtsstunde als auch zu Hause gemacht werden.

83

NIVEAU: ✶✶✶ bis ✶✶✶✶

LERNZIELE: Hörverstehen, Nacherzählen

VORBEREITUNG:

Lernen Sie eine Geschichte auswendig, so daß Sie sie mehrmals möglichst unverändert erzählen können. Wichtig ist, daß in dieser Geschichte mehrere Personen vorkommen. Beispielsweise eignet sich dafür das Märchen auf Seite 124.

UNTERRICHTSVERLAUF:

1. Erzählen Sie die Geschichte.

2. Die Lerner bilden Kleingruppen, wobei die Anzahl der Gruppenteilnehmer der Anzahl der Personen entsprechen soll, die in der Geschichte vorkommen.

3. Lassen Sie nun die Lerner entscheiden, welche Rolle sie übernehmen wollen. (Gegebenenfalls kann ein Teilnehmer auch zwei Rollen übernehmen.)

4. Erklären Sie nun den Lernern, daß Sie die Geschichte nochmals erzählen werden und daß sie währenddessen ihre jeweilige Rolle mimisch darstellen sollen. Sie erzählen dann die Geschichte zum zweiten Mal.

5. Während Sie die Geschichte ein drittes Mal erzählen, machen die Lerner die Geräusche, die ihren Rollen entsprechen.

6. Beim vierten Erzählen machen Sie häufig kleine Pausen und lassen kurze Textstellen aus. Die Lerner ergänzen die fehlenden Wörter.

7. Dann erzählen Sie die Geschichte ein fünftes Mal und lassen alle Dialoge (direkte und indirekte Rede) aus. Die Lerner fügen sie ein.

8. Erzählen Sie die Geschichte ein sechstes Mal; dabei erweitern Sie die Lücken und verlängern die Pausen. Die Lerner ergänzen entsprechend.

9. Nun bitten Sie die Gruppen, die Geschichte zu spielen. Ein Gruppenmitglied kann jeweils die verbindenden Worte sprechen. Geben Sie die Anregung, einen Teil der Geschichte – vielleicht den Schluß – abzuändern. Während eine Gruppe die Geschichte den anderen vorspielt, erzählen Sie sie ein weiteres Mal. Auch wenn es den Anschein hat, daß niemand zuhört, ist Ihr Vortrag für das Spiel dennoch förderlich.

84

NIVEAU: ✶✶✶✶

LERNZIELE: Wortschatzerweiterung, Benutzung eines zweisprachigen Wörterbuchs

MATERIAL: Kopien des Textes und der beiden Wortlisten (siehe: Vorbereitung); mehrere zweisprachige Wörterbücher; Tipp-Ex

Diese Übung eignet sich nur für sprachlich homogene Klassen.

VORBEREITUNG:

1. Wählen Sie einen Text, der dem sprachlichen Niveau der Lerner entspricht und inhaltlich interessant ist. Er sollte etwa eine Seite lang sein.

2. Löschen Sie mit Tipp-Ex 10 bis 20 Wörter, die – aus dem Kontext genommen – möglichst mehrdeutig sind; z.B. *curso, operación, chico, clase* etc.

3. Schreiben Sie die gelöschten Wörter in beliebiger Reihenfolge auf ein separates Blatt Papier und verteilen Sie sie über die ganze Seite (Wortliste 1).

4. Schreiben Sie auf eine weiteres Blatt Papier die deutsche Entsprechung der betreffenden Wörter. Dabei soll die Übersetzung die Bedeutung im gegebenen Kontext wiedergeben. Die Anordnung der deutschen Wörter auf dem Blatt (Wortliste 2) soll jedoch nicht derjenigen der von Wortliste 1 entsprechen.

5. Fertigen Sie Kopien des Textes und der beiden Wortlisten an.

UNTERRICHTSVERLAUF:

1. Teilen Sie die Klasse in zwei Gruppen und geben Sie einer Gruppe Kopien von Wortliste 1 und der anderen Gruppe Kopien der Wortliste 2. Machen Sie nun beiden Gruppen den Vorschlag, sich möglichst viele Übersetzungen zu den betreffenden spanischen bzw. deutschen Wörtern auszudenken.

Beispielsweise kann *curso* „Kurs" bedeuten, aber auch „Verlauf". Welche möglichen Übersetzungen bieten sich hier an?

Andererseits kann *Kurs* zwar "curso" entsprechen, muß aber in anderen Fällen mit "cambio" oder "clase" wiedergegeben werden.

Die gefundenen Entsprechungen werden rund um das betreffende Wort auf die jeweilige Liste geschrieben. Die Benutzung von Wörterbüchern ist erlaubt.

2. Daraufhin sucht sich jeder Lerner einen Partner aus der anderen Gruppe und vergleicht, bespricht und ergänzt die eigene Liste.

3. Eine anschließende Diskussion im Plenum dient zur Verifizierung und Korrektur.

4. Fragen Sie nun die Klasse, welchen Inhalt der Text, dem die Wörter entnommen sind, haben könnte. Je zwei Lerner besprechen sich darüber und teilen dann ihre Überlegungen dem Plenum mit.

5. Verteilen Sie nun den vorbereiteten Text (mit den Lücken) und lassen Sie die Lerner die fehlenden Wörter (unter Verwendung von Wortliste 1) einfügen. Es sollen alle möglichen Alternativen erwogen und im Hinblick auf den Kontext angenommen bzw. verworfen werden.

6. Zum Abschluß teilen Sie der Klasse mit, wie die Wörter im Originaltext verteilt sind.

85

NIVEAU: ✶✶✶✶
LERNZIELE: diskutieren
MATERIAL: ein Würfel für je 7 Lerner

UNTERRICHTSVERLAUF:

1. Schreiben Sie nachstehende Tabelle an die Tafel und erklären Sie das Spiel den Lernern wie folgt.

Gewürfelte Zahl	Sprechzeit	Gesprächsthema	Zahl der Gesprächspartner
	1 Min.	mi familia	7
	2 Min.	la cocina	6
	3 Min.	mi casa	5
	4 Min.	idiomas extranjeros	4
	5 Min.	nuestra ciudad	3
	6 Min.	mi trabajo	2

2. Es geht darum, jeweils ein bestimmtes Thema innerhalb einer bestimmten Zeitspanne mit einer bestimmten Anzahl von Personen zu diskutieren. Das geht so vor sich:

Der erste Lerner ermittelt die Sprechzeit: würfelt er beispielsweise , wird das Gespräch 5 Minuten lang sein.

Der zweite Lerner legt das Thema fest: würfelt er , wird über das Essen diskutiert.

Der dritte Lerner bestimmt, wieviele Personen am Gespräch teilnehmen: würfelt er , wird zu viert diskutiert, und dieser Lerner wählt sich die anderen drei Gesprächspartner.

Wenn wir von diesem Beispiel ausgehen, diskutieren also 4 Lerner 5 Minuten lang über das Thema Essen. Um den Einstieg zu erleichtern und das Gespräch in Gang zu bringen, können Sie eine provozierende Frage stellen.

3. Die anderen Lerner verfolgen die Diskussion und achten darauf, daß nicht vom Thema abgewichen wird. Einer der Lerner sollte die Einhaltung der Sprechzeit überprüfen. Nach jedem Gespräch kommentieren die Zuhörer Inhalt und Ablauf des Gesprächs.

Es ist durchaus ausreichend, wenn in einer Unterrichtsstunde zwei oder drei Runden gespielt werden. Als Lehrer werden Sie sich bei den Gesprächen zwar möglichst im Hintergrund halten, Sie sollten aber dennoch den Diskussionsablauf genau verfolgen.

86

NIVEAU: ✶✶✶✶

LERNZIELE: Vergangenes berichten, begründen, überzeugen (Rollenspiel)

MATERIAL: Overheadprojektor, Folie

VORBEREITUNG:

Fertigen Sie eine Folie der Abbildung auf S. 122 und schneiden Sie die 5 Vignetten aus.

UNTERRICHTSVERLAUF:

1. Legen Sie die Folie mit dem Straßenverlauf auf den Projektor. Setzen Sie nun die Radfahrerin an die geeignete Stelle, erzählen Sie dann folgende Geschichte und fügen Sie dabei nach und nach die weiteren Vignetten hinzu, um zu zeigen, wie es zu dem Unfall kam.
Un día iba María en bicicleta por una carretera pequeña. La jornada había sido larga y agotadora y por fin veía próximo el momento de llegar a casa y descansar. Se perdía un poco en su pensamiento y no prestaba mucha atención a las señales de tráfico. Efectivamente, había una señal de STOP y no se detuvo. Por la otra carretera venía un camión que no vio a la ciclista y no paró. El camión atropelló a María y le hirió gravemente. La señora Ramos que estaba esperando el autobús en la parada lo ha visto todo y el señor Castro que iba con su coche en dirección contraria ha sido también testigo del accidente.

2. Bitten Sie einen der Lerner, nach vorne zu kommen, die Vignetten zu verschieben und die Geschichte neu zu erzählen. Die anderen Teilnehmer korrigieren inhaltliche und sprachliche Fehler. (Dieser Teil der Übung sollte nicht mehr als 5 Minuten beanspruchen.)

3. Inszenieren Sie nun ein Rollenspiel auf der Grundlage dieser Geschichte. Verteilen Sie die Rollen von María, dem Lastwagenfahrer, Frau Ramos und Herrn Castro. Die übrigen Lerner übernehmen die Rolle von Polizisten. (Wenn die Klasse sehr groß ist, bilden Sie am besten zwei Spielgruppen.)

Schicken Sie die beiden Zeugen in verschiedene Ecken des Unterrichtsraums und lassen Sie die Polizisten zu ihnen gehen, um sie zu interviewen. Jeder Polizist sollte ein schriftliches Protokoll über die Interviews anfertigen.

Nehmen Sie María und Frau Ramos zur Seite und flüstern Sie ihnen zu, sie sollten darauf bestehen, daß María *nicht schuld* sei. Sie sollten z.B. sagen, daß sie angehalten habe, daß der Lastwagenfahrer betrunken gewesen sei, daß Frau Ramos nichts gesehen habe, da sie kurzsichtig sei usw.

4. Inszenieren Sie nun eine Gerichtsverhandlung. (Wenn Sie zwei Spielgruppen haben, sollten die Szenen nacheinander gespielt werden, da genügend Platz vorhanden sein muß.)

Die Polizisten verlesen ihre Protokolle, und alle Beteiligten versuchen, den Richter davon zu überzeugen, daß ihre Darstellung die richtige ist. (Die Rolle des Richters wird entweder von Ihnen gespielt, oder aber – im Idealfall – von einem Außenstehenden, der nichts über den Unfall weiß.) Dabei ergeben sich meist lebhafte Auseinandersetzungen, da jeder seine Version von Wahrheit durchzusetzen versucht.

Nach dem Spiel kann die Übung mit einer Diskussion über die erlebte Thematik abgeschlossen werden.

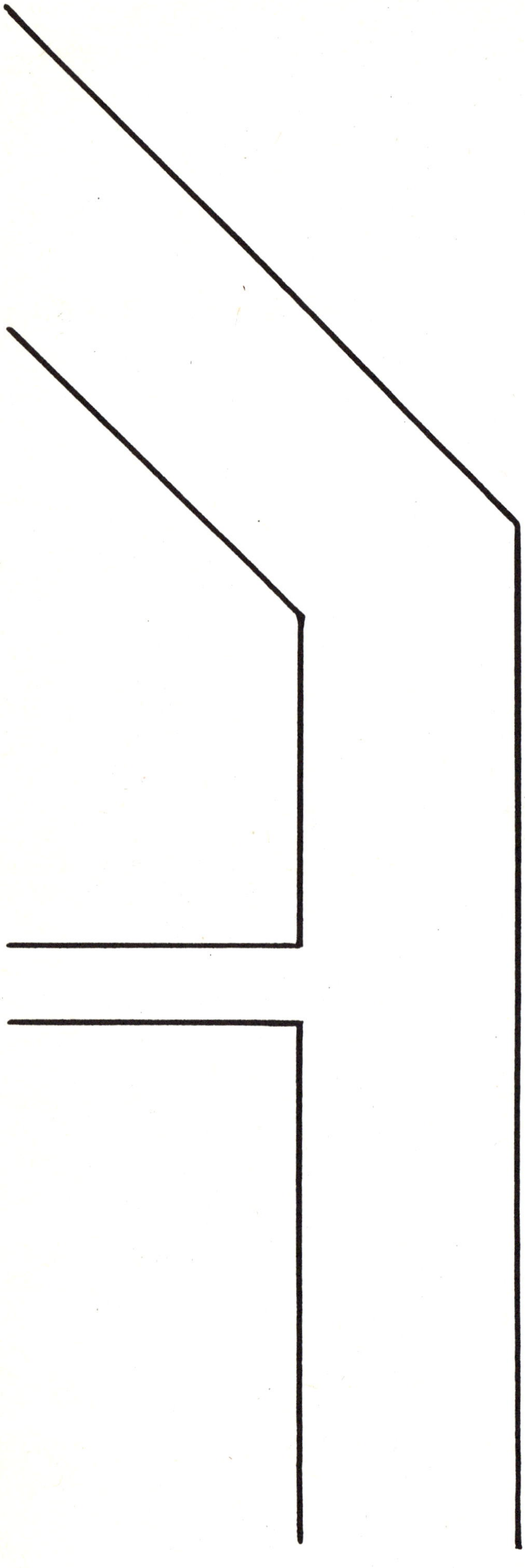

STOP
86

87

NIVEAU: ✶✶✶✶

LERNZIELE: Hörverstehen, Märchenschluß erfinden

MATERIAL: Märchen, Fabel oder Geschichte (vgl. das Märchen auf Seite 124)

VORBEREITUNG:

Lesen Sie den Text von Seite 124 zuerst einmal leise und dann einige Male laut, bis Sie sich in der Lage fühlen, die Geschichte lebendig vorzutragen.

UNTERRICHTSVERLAUF:

1. Führen Sie das unbekannte Vokabular ein und bereiten Sie die Atmosphäre für den Text vor.

2. Lesen Sie den Text. Nutzen Sie die Möglichkeiten von Pausen und Gesten, um die Aufmerksamkeit der Hörer zu erhöhen. Versuchen Sie, möglichst oft den Kopf zu heben und Augenkontakt mit den Lernern herzustellen.

3. Wenn Sie mit der Lektüre zu Ende sind, bitten Sie die Lerner, in Zweier- oder Dreiergruppen die Geschichte zu Ende zu bringen.

4. Sobald die Gruppen ihre Arbeit beendet haben, lesen Sie den letzten Satz der Geschichte: *El apuesto soldado, sin dudarlo un sólo momento se dirigió al pomo de la puerta izquierda y la abrió...* nochmals vor und lassen die Gruppen reihum ihre Versionen anfügen.

5. Die Diskussion über die verschiedenen Versionen kann zu weiteren Gesprächsthemen (Lieblingsmärchen etc.) führen.

VARIANTE:

Wenn Sie es vermeiden wollen, daß sich die Lerner veranlaßt sehen, die Geschichte im *Indefinido* fortzuführen, so verwandeln Sie die letzten Sätze des Märchens in das historische Präsens: *La princesa se queda quieta...* . Auf diese Weise kann die Geschichte im Präsens zu Ende erzählt werden.

La Princesa y el León

Érase una vez un pueblo en el Norte de África donde vivía un rey de extrañas costumbres. Entre ellas estaba la de decidir si un prisionero era culpable o inocente. Cuando se acusaba a un ciudadano de un delito grave, el rey ordenaba que el reo fuese condenado o absuelto en presencia de todo el pueblo. Llegado el día del juicio, el rey, su corte y el pueblo al completo se reunían en una estrecha colina. Frente a ella se alzaba una gran casa con dos puertas exactamente iguales, una a la derecha y otra a la izquierda. Cuando el rey daba la señal, el reo debía dirigirse a una de las puertas y abrirla.

Detrás de una de ellas había un hambriento León, que devoraría al prisionero como pago por sus crímenes; tras la otra se encontraba una mujer hermosa con la que se casaría en recompensa por su inocencia.
El rey consideraba ésta una forma honesta de juzgar, en tanto que era el mismo acusado el que decidía su suerte: tan sólo con abrir una puerta se veía o casado o devorado.

Un día el rey se enteró que su hija predilecta estaba enamorada de un apuesto y joven soldado. Entonces, el rey encarceló al soldado y mandó que se celebrara un juicio. Para este acontencimiento hizo traer al más fiero león y a la mujer más bella de su reino.

Llegado el día del juicio, cuando el joven se presentó ante el pueblo, era tal su gallardía que la gente lo saludaba con admiración y temía por su vida. ¡Pobre apuesto soldado, qué terrible sería para él una elección así! Se presentó ante el rey y, como era su costumbre, se inclinó ante él. Sin embargo sus ojos estaban clavados en los de la princesa, que estaba sentada al lado de su progenitor. El joven se dio cuenta enseguida de que la princesa sabía dónde estaba el león y dónde la hermosa dama. ¡No había tiempo que perder! Sus ojos preguntaron: «¿qué puerta debo abrir?»

La princesa sabía que la mujer que su padre había elegido era la más hermosa del reino y en el pasado había visto al soldado lanzarle miradas de admiración y, a veces, sospechaba que ésta siguiera viva. ¿Cómo soportar entregar a su amado a los brazos de otra mujer?, pero, por otra parte, ¿cómo soportar verlo devorar por un león? La princesa se quedó quieta; la decisión ya estaba tomada, después de días y noches sopesando ambas opciones. Se inclinó un poco hacia la izquierda. El apuesto soldado, sin dudarlo un sólo momento, se dirigió al pomo de la puerta izquierda y la abrió...

(Frei nach
Frank R. Stockton,
The Lady and the Tiger)

88

NIVEAU: ✶✶✶✶

LERNZIELE: Textproduktion

VORBEREITUNG:

Bereiten Sie zehn Verständnisfragen vor, wie sie für Standard-Textaufgaben üblich sind. Sie können sich auf einen Lehrbuchtext beziehen oder auch keinen Text zugrunde legen. Verwenden Sie reichlich Sprachmaterial (Vokabular und Grammatik), das Sie üben oder wiederholen möchten. Passen Sie den Schwierigkeitsgrad der Fragen dem Lernniveau der Klasse an.

Hier eine Sammlung von Fragen, die auf keinen Text bezogen sind:

1. *¿Por qué estaba Roberto tan furioso al volver a su país?*
2. *¿Se sorprendió al encontrar su pueblo completamente desierto? ¿Por qué? ¿Por qué no?*
3. *El escritor da tres motivos por los cuales el pueblo está abandonado. ¿Puede indicar al menos dos?*
4. *¿Qué ha descubierto Roberto cuando ha abierto la puerta de su casa?*
5. *¿Qué habría hecho Ud. en ese caso y qué ha hecho Roberto?*
6. *¿Qué personajes eran personas reales y cuales eran fruto de la imaginación de Roberto?*
7. *¿Qué ha hecho pensar a Roberto que pasaba algo extraño?*
8. *¿Cree Ud. que su enfado era justificado? ¿Por qué sí o por qué no?*
9. *¿Cuántas personas vivas se han encontrado antes del anochecer y qué ha sucedido con los muertos?*
10. *¿Qué título le daría a este relato?*

UNTERRICHTSVERLAUF:

1. Erinnern Sie die Lerner an die Technik der Textaufgaben (Lesen eines Textes und Beantworten von Verständnisfragen), und erklären Sie ihnen, daß nun die Übung sozusagen von hinten aufgerollt wird.

2. Legen Sie den Lernern die von Ihnen vorbereiteten Fragen vor. Sie können sie entweder an die Tafel schreiben oder Kopien verteilen. Sagen Sie nun den Lernern, daß sie nicht die Fragen beantworten, sondern vielmehr den Text schreiben sollen, auf den sich die Fragen beziehen könnten. Erläutern Sie auch, daß der Text so verfaßt sein muß, daß jede der Fragen beantwortet werden kann. (Das gibt den Lernern die Gelegenheit, innerhalb des von Ihnen gesetzten Rahmens ihre Phantasie spielen zu lassen.)

3. Wenn die Texte fertiggestellt sind, werden sie laut vorgelesen. Wahrscheinlich wird es viele Ähnlichkeiten, aber auch viele unterschiedliche Inhalte geben. Lassen Sie die Lerner darüber diskutieren und ihre Arbeiten vergleichen.

4. Wenn Sie Ihre Fragen auf einen tatsächlichen Text bezogen haben, lesen Sie diesen nun laut vor, schreiben ihn an die Tafel oder verteilen ihn auf fotokopierten Blättern. Diskutieren Sie dann darüber, wie sich das Original zu den Textversionen der Lerner verhält.

Wenn Sie keinen Text zugrunde gelegt haben, müssen Sie das jetzt eingestehen. Es ist jedoch zu berücksichtigen, daß ein gewisser Frust aufkommen kann, wenn die Lerner erfahren, daß es gar keinen Ausgangstext gibt. Daher muß bei der Präsentation der Fragen und bei der Erläuterung der Aufgabenstellung darauf geachtet werden, daß die Lerner im Nachhinein nicht das Gefühl bekommen, angelogen worden zu sein.

MINI-REZEPTE

1. Haga una lista de lo que quiere conseguir en la vida. ¿Cuáles de sus sueños no se pueden realizar? ¿Seguro que no?
2. Mañana el cartero le traerá una carta que será una gran alegría para usted. ¿De quién es la carta y qué dice?
3. Si usted pudiera gobernar el mundo por un día ...
4. Cuente la historia de su pelo. ¿Cuándo ha cambiado su peinado y por qué?
5. Describa su prenda de vestir preferida. ¿Cuándo y dónde la ha comprado? ¿Por qué le gusta?
6. Describa al profesor o a la profesora que más le ha impresionado en su vida.
7. Imagínese estar solo/a en una isla desierta. ¿Qué película querría ver?
8. Piense en diez preguntas a las que no querría contestar.
9. Construya frases con las letras de la ciudad donde nació. Por ejemplo: <u>T</u>omás <u>o</u>lvida <u>l</u>os <u>e</u>jercicios <u>d</u>e <u>o</u>rtografía. (Toledo)
10. ¿Cuántas palabras españolas se pueden formar con las letras de su nombre?
11. Tiene cinco minutos. ¿Cuántas palabras españolas se le ocurren? Apúntelas y compárelas con su vecino.
12. Aquí tiene usted una frase (tomada de un texto conocido). Haga cinco cambios sin cambiar el sentido.
13. Explique las reglas de un juego o de un deporte. ¿Qué reglas querría cambiar?
14. Usted tiene que envolver un regalo para un amigo suyo. Describa exactamente como hace el paquete.
15. De una frase larga y complicada se quita primero una palabra, luego otra, luego una tercera y así siguiendo. Cuidado: la frase siempre tiene que quedar sintácticamente correcta.
16. A una frase corta (3-5 palabras) se añade una palabra después de otra. La frase deberá quedar siempre sintácticamente correcta.
17. Piense en diez modos diversos para mejorar su español.
18. Haga un dibujo paso a paso. En cada etapa pregunte a sus compañeros/as qué es.
19. Cuente una broma a un/a compañero/a suyo/a. El/Ella tiene que contarla a la clase usando el discurso indirecto.

REGISTER

Die Zahlen beziehen sich auf die Nummer der jeweiligen Übung.